情普及系列丛书

敢为人先

上 海 体 育

Take the Lead

Sports in Shanghai

上海通志馆 主编 周 力 著

上海人民出版社　学林出版社

"上海地情普及系列丛书"编委会

名誉主任　王荣华

主　任　洪民荣

副主任　生键红　姜复生

编　委　孙　刚　唐长国　吴一峻

"上海地情普及系列丛书"编辑部

主　编　吴一峻

副主编　吕志伟　杨　杨

承编单位　上海通志馆

总序

盛夏避暑,最好躲在家中读书。近日,读了新一辑"上海地情普及系列丛书"的五种书稿,感觉好似吹来一阵清凉的风,很是凉快、惬意。

我高兴地发现2021年的这五种书,内容上与2020年的有一个很大的不同。编者不再像2020年那样,着眼于上海的人民广场、徐家汇、陆家嘴、新天地、静安寺五个横切的块面,而是改由上海五个行业系统的条线来讲述上海的故事。这就给读者了解上海带来了一个崭新的视角,让我们看到了许多崭新的人物,听到了许多崭新的动人故事。

比如,我在读《衣被天下:上海纺织》时,就时时被书中许多劳动模范的故事所感动,因为他们始终坚守着自己的工人阶级本色。

纺织行业原本是上海的一个支柱产业,纺织工人是中国产业工人的重要组成部分。在半殖民地半封建的旧中国,广大纺织工人受尽了剥削和压迫,他们有强烈的斗争精神,在中国共产党的领导下,义无反顾地投入反帝反封建的革命斗争。新中国成立后,他们十分珍惜来之不易的胜利成果,十分珍惜当家做主人的幸福生活,将对党和新社会的热爱,化为工作的巨大动力,创造了一个又一个的奇迹,得到了党和人民的尊重和奖励，涌现出黄宝妹、裔式娟、杨富珍、应忠发、吴尔愉等许多劳动模范和先进人物。

他们的故事都非常感人，在此我要对于黄宝妹的故事多说几句。

黄宝妹13岁到一家日商纱厂当童工，受尽剥削和压迫。上海解放后，她怀着强烈的翻身感，努力工作，在学习"郝建秀工作法"的过程中，取得优异成绩，被评为全国纺织工业劳动模范，还光荣地加入了中国共产党。后来，她继续努力，又先后多次被评为劳模，多次受到党和国家领导人的接见。在中国共产党成立100周年之际，习近平总书记亲自授予她"七一勋章"。

我以为，黄宝妹之所以能获得如此殊荣，是和她"践行初心、担当使命、永葆本色"分不开的。

想当年，黄宝妹刚满22岁，就当上了劳动模范，记得淮海路照相馆的大橱窗里陈列着她的大幅照片，引来了一片赞扬声，甚至还引来了不少求爱信。黄宝妹态度鲜明地告诉大家："我老公人品好，为人忠厚，热爱家庭……"这时候，她保持了一名工人妻子的本色。

1958年，黄宝妹在电影故事片《黄宝妹》中饰演了自己，电影在全国放映后，好评如潮。有文艺界领导见黄宝妹初涉银幕，表现不凡，建议她改行当演员。黄宝妹却冷静地谢绝了。她认为，自己始终都是一个纺织工人，离开了纺纱车，自己将一事无成，这次偶然的成功，完全是导演谢晋的功劳，假如自己真当了专业演员，恐怕连"龙套"都演不好。这时候，她坚守了一个工人的本色。

更难得的是，黄宝妹退休之后，听说有些劳模退休后，收入少、疾病多、生活困难，就和裔式娟等一起不辞辛苦，办起一个公司，赚了钱去接济这些困难劳模，又帮助他们解决住房拆迁问题。她甚至将组织分配的好房子让给他人，自己一家五口却挤在一间简屋里。这时候，她展现了一个共产党员的本色。

当我读到《人间大爱：上海卫生》时，感触良多！在一些突发事件中，许多先进人物面对风险，真正做到了"不怕牺牲，英勇斗争，对党忠诚，不负人民"。

我在书中，不仅看到了新中国成立后，党领导上海人民群众消灭血吸虫病、应对甲肝旋风突袭的一幕幕场景，而且重温了2020年抗击"新冠肺炎"的伟大斗争！

当武汉等地疫情严重、需要支援时，上海医护工作者中的共产党员挺身而出，纷纷主动报名，带头奔赴前线，与当地的"白衣天使"一起日夜奋战，终于战胜了疫情。他们用自己的行动，发挥了党员的先锋模范作用。

作者用生动的文笔写到，面对疫情，中共上海市委、市政府坚持"人民第一，生命至上"，并从上海人民的根本利益出发，摸索出了一条适合本地的"精准防疫"模式，即既要精准高效应对疫情，又不能对城市的运行、居民的生产生活造成大的影响，力求将疫情所致的负面影响降至最低。这种"瓷器店里抓老鼠"的模式，在实践中取得了很大的成功。

疫情期间，上海对那些被列为"中风险地区"的居民，贯彻"以人为本"的理念，隔离措施温暖有序，共产党员和志愿者对居民实行

"包块"服务，有效地控制了疫情蔓延。

中国共产党和党的领导人是十分重视国民经济和民族工业、民族品牌的发展的。即使在戎马倥偬的战争时期，毛泽东、周恩来等党的领袖对我国的民族工业和民族品牌，也都给予了极大的关注和重视。《品牌力量：上海商标》一书讲述了很多这方面的精彩故事。

20世纪20年代初，著名实业家吴蕴初创建天厨味精制造厂，研发、生产出了"佛手"牌味精。在与日本品牌的激烈竞争中，特别是在"五卅运动"之后全国人民掀起的"抵制日货，使用国货"的群众运动的推动下，"佛手"牌味精一举打败了日本"美女"牌味之素。

吴蕴初和他的"佛手"牌味精，引起了周恩来等中共领导同志的重视。1942年，吴蕴初应邀与中国共产党驻重庆办事处领导进行了广泛的接触和交流。他表示，要将"佛手"牌味精的生产技术毫无保留地传授给边区人民。

1949年，钱昌照向吴蕴初转达了中共领导人请他回国发展的口信，吴蕴初欣然点头。

还有一个故事是关于"上海牌"手表的。1958年，上海手表厂生产出第一批"上海"牌A581手表，周恩来总理等领导同志非常高兴。1961年，当周总理得知"上海"牌手表已经大量投放市场，便委托卫士长成元功花90元人民币去买了一块，此后，他一直把这块手表戴在手腕上，直到逝世。这块周总理戴过的"上海"牌手表，现在就陈列在中国国家博物馆内。

中国共产党人不仅十分重视民族工业和民族品牌，还同样关注金融事业，因为这与革命经费的筹集有密切关系。

我在读《惊涛拍岸：上海红色金融》一书时，很为毛泽民同志冒险潜入上海滩，为党筹集经费的英勇行为而感动。

那是在1937年早春时节，中央红军刚经历了长征，物资匮乏，经费奇缺。就在此时，一笔由国际工人阶级募集的、支援中国抗战的巨款，从法国秘密地运到上海。为了粉碎国民党的经济封锁，时任中华苏维埃共和国国家银行行长的毛泽民奉命潜入上海，历经艰辛，终于将这笔巨款秘密运送到延安。

其实，我们党早在革命斗争时期，就派遣忠诚、精干的优秀党员潜入国民党政府管辖的中国银行等金融机构，为新中国成立后的金融工作准备了一大批优秀的干部。比如张承宗同志。他大学毕业后，先后到上海市银行、辛泰银行工作，并和弟弟张困斋自筹资金创办《石榴》杂志，发表了许多宣传抗日救国思想的文章。1936年10月，他组建"银联"（上海银钱业业余联谊会），号召和组织逾万银行职工支持抗战，救济难民，并输送了一批优秀骨干奔赴抗日根据地。1937年8月，他加入中国共产党，后在辛泰银行建立起第一个银行党支部。

冀朝鼎则是一位长期战斗在隐蔽战线的英勇战士。他1927年入党，奉命长期在美国留学、工作，学习金融。他不忘初心，牢记使命，长期潜伏，成功开展地下工作。上海解放的第二天，他就身穿解放军军装，作为军管会人员，带领我们的同志接管了中国银行，使银行同仁大为惊讶！我每每读到这里，心里都会生出一股深深的敬意。

《敢为人先：上海体育》也是一本很有兴味、值得反复阅读的书。

曾经，西方列强都鄙视我们中国人为"东亚病夫"。新中国成立后，在中国共产党的领导下，上海体育事业发展迅速，不仅人民群众的体质大大增强，在国内外各类运动会上，许多上海籍的运动员还夺得了优异成绩。这本书讲述了乒乓球世界冠军徐寅生、李富荣等刻苦训练，提高球艺，打败各国高手，夺得第二十六届世界乒乓球锦标赛冠军的故事。我是过来人，今天重温这段往事，感到格外激动。

作者还生动讲述了世界跳高冠军朱建华、"上海的高度"姚明以及"上海的速度"刘翔等优秀运动员的故事。尤其是讲到姚明成功之后，饮水思源，不忘恩师，非常感人。2015年4月11日，为庆祝中国"篮球泰斗"李震中百年寿辰，姚明十分恭敬地将一束鲜花献给李震中老先生，衷心感谢老人多年来对自己的教导。2018年，李震中逝世，姚明在发言中称李老是自己的"祖师爷"。

2016年，姚明入选"奈史密斯篮球名人堂"。姚明在发言中特别感谢了当年把他放在自行车后座上带他去训练的少体校教练李章民和把他带上CBA（中国男子篮球职业联赛）总冠军宝座的李秋平教练。他永远感谢这两位恩师。他在感谢了父母等家人的支持之后，又一字一顿认真地说："我要谢谢上海这座城市……他们培养我，训练我，帮助我，让我做好了迎接人生下一个挑战的准备……"这就是在世界篮坛叱咤风云的姚明的心声。他的球艺风靡全球，他的修养倾倒无数球迷！

这五本书之所以好看、耐读，还因为编者坚持了"大学者大专家写通俗读物"的方法。这一辑"上海地情普及系列丛书"史料翔实、文笔生动、人物鲜活、故事感人，贯彻落实了习近平总书记提出的"讲好中国故事，传播中国声音"的指示，做出了宝贵的实践，取得了可喜的成绩。我认为，这五本书和前两年编写出版的十本"上海地情普及系列丛书"一样，依然可以作为广大市民和青少年朋友了解上海的读物，更应当成为党史学习教育和"四史"宣传教育的生动教材。

是为序。

上海市第十届政协副主席
国家教材委员会专家委员
上海市教育发展基金会理事长

目录

总序 1

近代体育的发展 1

上海的尚武传统 3

圣约翰和南洋公学的"德比" 9

刘长春"单刀赴会"背后的故事 14

奥运健儿赴国难 19

民国时期的两次全运会 24

民国女运动员的人生奋斗 30

走向世界的梦想 35

国球辉煌的精神传承 37

是什么造就了朱建华? 44

"上海的高度"是怎样炼成的 50

"我的名字是刘翔" 55

陶璐娜的沉稳与坚强　60
　　吴敏霞：一颗冠军的心　65

体育建筑与建筑体育　71
　　江湾体育场和绿瓦大楼的变迁　73
　　百年风云沪南体育场　78
　　从靶子场到虹口足球场　83
　　"万体馆""八万人"和徐汇体育公园　88
　　到浦东足球场的"碗"里来　95
　　在母亲河的怀中划翔　99

螺蛳壳里做道场　105
　　"石库门"里出来的棋王　107
　　如火如荼的业余足球　112
　　弄堂小学办体育　117
　　"现在开始做广播体操"　122
　　小小银球转动世界　128
　　运动鞋服新时尚　133

海派球星轶事　139
　　"球王"李惠堂真实水平如何？　141

大时代中的方纫秋和王后军　145
"上海男人"徐根宝和范志毅　150
"铿锵玫瑰"孙雯　155
上海男排传奇的诞生　160
小个子女孩的大能量　165

看体育，听体育，谈体育　171

中国奥运采访第一人　173
他们都曾报道过体育　177
全能体育记者冯小秀　181
第一次广播听足球　186
为了让上海人看到比赛　190
一场足球转播的背后　195

请进来，走出去　201

德义大楼和上海足球往事　203
环游世界的自行车达人潘德明　207
世界体育明星在上海　211
从费德勒坐地铁说起　216
上海凭什么成为"全球电竞之都"?　221
上海人未来体育生活的畅想　226

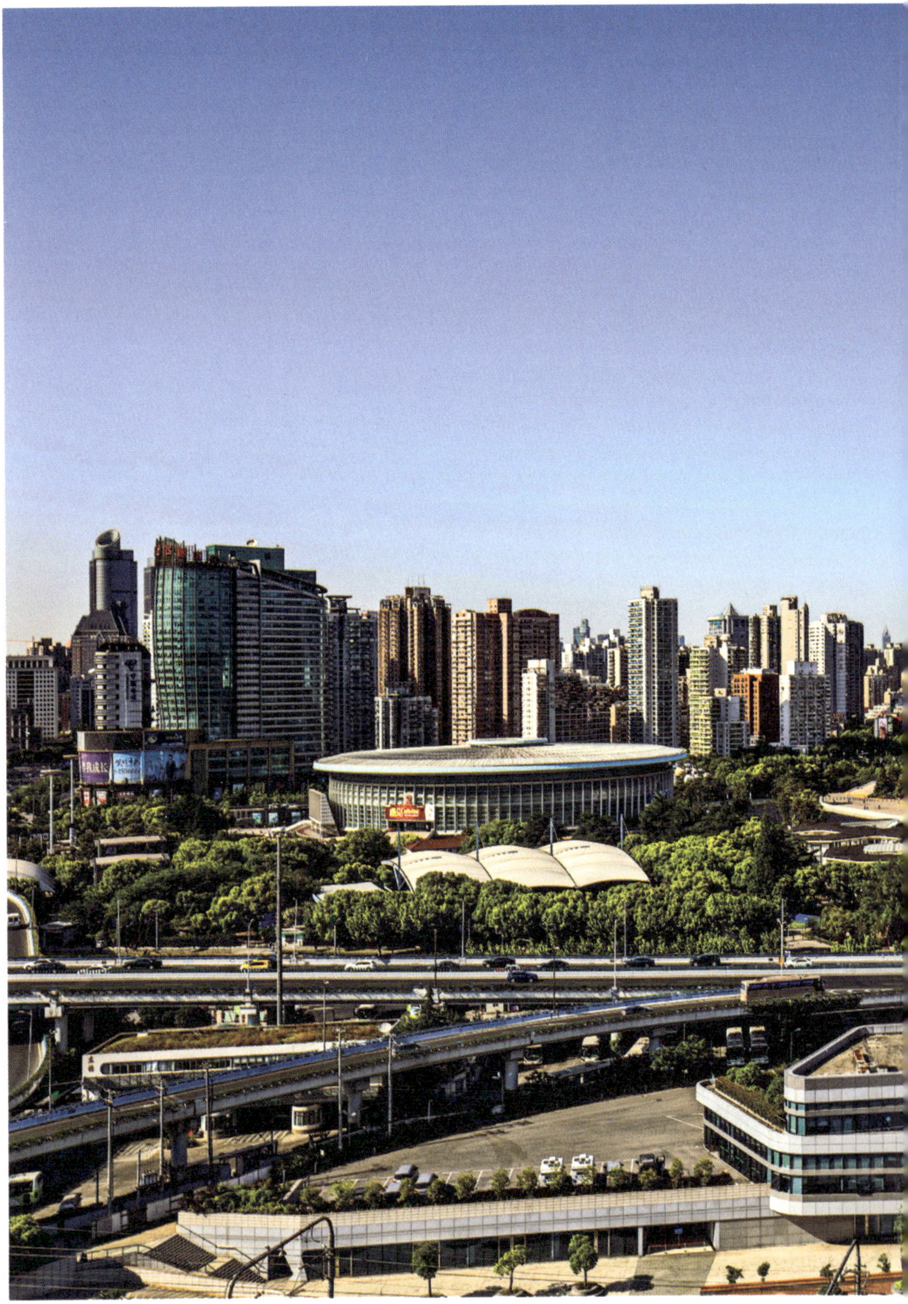

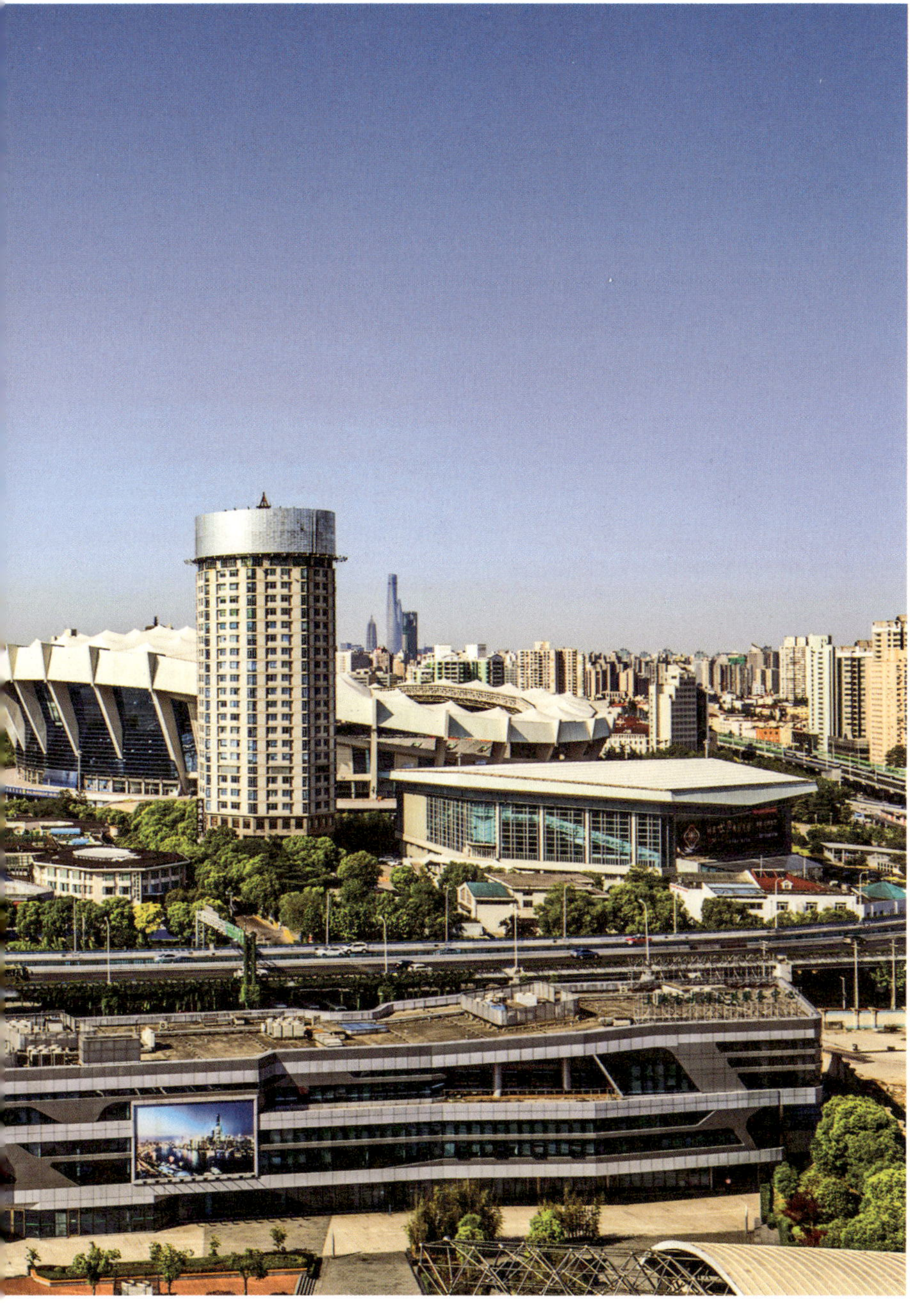

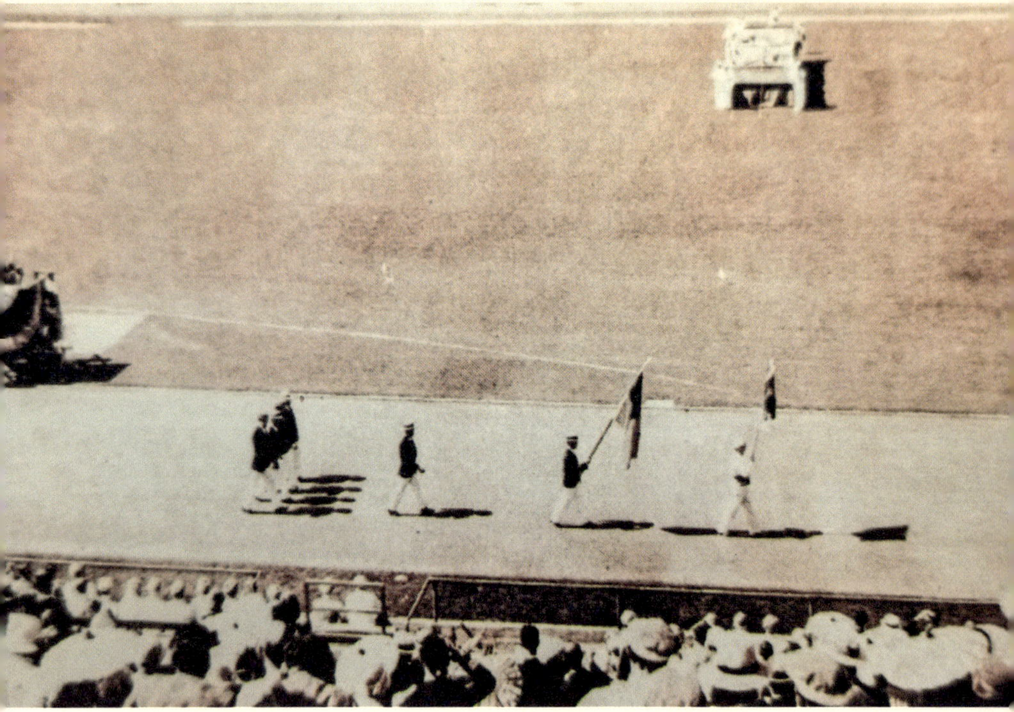

近代体育的发展

上海的尚武传统
圣约翰和南洋公学的"德比"
刘长春"单刀赴会"背后的故事
奥运健儿赴国难
民国时期的两次全运会
民国女运动员的人生奋斗

上海的尚武传统

位于上海老城厢的城隍庙历史悠久,既是供奉神灵的殿堂,更是上海著名的旅游景点,每天来自全国、全球的游客,熙熙攘攘。在城隍庙大门前的牌楼上,有四个金色大字,"保障海隅",是1535年(明嘉靖十四年)时由新任知县冯彬所写。"海隅",是海角的意思,说明了明朝时上海的地理位置,是相当偏僻的海边小城。"保障",是

上海城隍庙"保障海隅"牌楼

赞颂城隍神守护上海、"护城兴市"的功德。

城隍庙前的"保障海隅"四个字，是上海人的愿望，也表达了一段历史时期内上海人的无奈。喜怒无常的大自然和突如其来的外敌入侵，是上海先民在很长一段时期内不得不面对的。

松江叶榭草龙舞作为一项具有千年历史的传统体育活动，入选第一批国家级非物质遗产文化扩展项目。传说"八仙"中的韩湘子是松江叶榭人，790年（唐贞元六年）夏日逢大旱，河水断流、土地龟裂，百姓祈求上天解救。韩湘子召来青龙降雨拯救灾民，这一年粮食获得丰收。为报答韩湘子的恩德，老百姓自发扎草龙、舞草龙作为纪念。

叶榭的草龙，牛头、虎口、鹿角、蛇身、鹰爪、凤尾，制扎草龙和跳草龙舞成为叶榭民间的传统习俗。传承千年的仪式，寄托了先民

松江叶榭草龙舞

对美好生活的向往和追求。一代又一代老百姓在制作和舞动的仪式中强身健体，守护着自己生活的一方水土。

20世纪五六十年代以后，松江叶榭草龙舞因种种原因中断了30余年，改革开放后得到高度重视，到1986年已基本恢复，并得到很好的传承。通过这项集音乐、舞蹈、竹艺、扎技于一身的民间健身项目，人们似乎可以看到上海先民筚路蓝缕的生活场景。

古代上海约在南宋末年建立镇治，于元朝至元年间建县，历经宋、元、明交替，一直没有城墙作为防守屏障。到明嘉靖年间倭寇袭扰严重，于是在1553年（明嘉靖三十二年）破土动工，筑成城墙。但城墙建成前的上海，绝非"不设防的城市"，早在1514年（明正德九年），上海已经有了操练武术的大演武场。

如今的豫园商城西面，有一条"旧校场路"，1514年上海知县黄希英主持建造的大演武场就在此处。大演武场又称"教场"或"校场"，这里成为演练军队、抵抗倭寇的中心。上海县城内的道路和建筑因历史变迁多有更动，清同治《上海县志》称大演武场在县西北积善寺前（今丽水路以西，人民路、福佑路之间），后迁移到北门外，原旧校场开始建造居民住宅，逐渐成为旧校场街（路）。

1720年（清康熙五十九年），上海又在今南仓街以西、陆家浜路以北、桑园街以东、东江阴街以南的区域建造校场，现在的东江阴街，原来的名字是校场街。这座新的大校场是清代上海主要的演武场，内设演武厅，1880年（清光绪六年）县试武童，马箭、步箭都在这里举行。另在现在露香园路青莲街一带,清嘉庆年间开辟九亩荒地建成小演武场,民间称其为"九亩地"。

小小的上海城先后有三座具有一定规模的演武场(校场),从老地名中就可看出这座城市的尚武血脉。上海民间一直不乏武林高手,明崇祯年间娄县(今松江区的一部分和金山区)武术家吴殳向石家枪创始人石敬岩学习枪法,著有《手臂录》留世。明清鼎革之际,武术家褚士宝退隐回到上海老家,有《枪谱》二卷流传。在封建社会,传统武术是军人必练的技艺,也广泛流传于民间。政府每三年举行一次武艺科举考试,分步箭、马箭、技勇三项。1901年(清光绪二十七年)松江府最后一次举行乡试,录取武童298名,上海县占了76名,为各县之首。

上海开埠以后,刀矛弓箭退出军队,传统武术也一度消沉,但上海的尚武风气在有识之士的推动下却依然兴盛。1910年上海精武体操会成立,提出"熔各派于一炉",发扬武术精神。进入民国,中华武术会、上海市国术馆等武术团体均有较大影响。1923年全国武术大会在上海公共体育场举行,有400余位武术家参加,每日观众达4000余人。

"万里长城永不倒,千里黄河水滔滔",当年香港电视剧《大侠霍元甲》引发的武术热潮及对精武体育会的关注,至今依然。1910年霍元甲惊走英国大力士奥皮音,同盟会员陈英士、农劲荪等协助其在南市王家宅创办精武体操会。霍元甲去世后,陈公哲捐出提篮桥倍开尔路（今惠民路）宅地修建新校舍，主张武术与近代体育结合，提倡德、智、体并重，在中国武术界产生深远影响。精武会后迁至虹口四川北路横浜桥，20世纪20年代各地精武分会有50余所，会员总数达四五万人。

抗战全面爆发后，四川北路精武总会和公共租界南京路慈淑大楼总会会所先后被日军占领、征用，会务不得不停止。抗战胜利后精武会迁回横浜桥，如今建起了精武大厦和精武体育总会，孙中山先生题写的"尚武精神"四个大字仍在激励着上海人。

位于虹口的上海精武体育总会

青浦拳船上的特殊武术套路——牛角

在青浦、松江等地的水乡，还流传一种名为"拳船"的民间体育活动，青浦朱家角南港村的张家埭是闻名遐迩的拳船之乡。每逢农历七月廿六泥河滩庙会、七月廿七朱家角摇快船节汛，张家埭拳船都要参加活动，在锣鼓声中轮番在船头献技。因为是在船头表演，拳步只能直三角步，有杨家短打、二进、六进三套，均属少林拳种。张家埭拳传人盛宏德曾获县农运会武术表演冠军。

与青浦相比，松江的拳船亦不遑多让，每年七月廿七都要摇船去朱家角参加庙会，有"拳出庄泾"的说法。1985年上海市武术馆挖掘整理组为张家埭拳船录像，并复制了独门兵器：牛角。

即使没有近代体育的发展，上海也有自己的体育传统，尚武精神流淌在这座城市的血液中。城隍庙前有"保障海隅"四个字，真正保障上海的，或许并非什么神祇，而是千百年来生活在这座城市的人——上海人。

圣约翰和南洋公学的"德比"

1843年开埠以后,西方的近代体育随着西方文化进入上海。上海是西方文化登陆之地,也是中国近代体育最先活动的地方。到20世纪初,近代体育在上海得到较快发展,并经上海向全国辐射。20世纪上半叶,世界上广泛开展的竞技体育活动在上海基本都得到开展,上海承办了两次全运会、三次远东运动会,培养了众多体育人才,并带动全国体育运动的发展,在社会各层面传播近代体育知识与技能。上海竞技运动水平虽然和世界水平相比有差距,但在全国一直处于领先地位。

最早进行近代体育活动的,当然是租界中的外国侨民。1850年上海出现第一个赛马场,1852年黄浦江上出现外国船员组织的赛艇比赛。除赛马和赛艇,还有高尔夫球、足球、网球、棒球、板球、游泳等项目。这些赛事完全按照欧美体育比赛规则举行。因中国社会尚未开展近代体育,租界中的体育活动只在侨民中进行,华人不能进入租界的体育场地或体育俱乐部活动。

1900年上海基督教青年会成立,六年后在现在的四川中路599号建成会所(今同济黄浦设计创意中学所在地),设立健身房、墙手球房、弹子房、游泳池等体育娱乐设施,到1908年青年会成立体育部,产生上海最早的篮球、排球队。1900年青年会派爱克斯纳

（M. J. Exner）在南京筹办全国学校区分队第一次体育同盟会，设有田径、篮球、足球、网球等比赛项目。上海组队参加全部项目，在田径、网球比赛中名列榜首。

中国近代体育的发生最初是在新式学校和教会学校中展开体育运动。黄浦区的永宁街是位于学前街和中华路之间的小马路，只有短短几十米。位于永宁街20号的梅溪小学前身为1878年张焕伦创办的正蒙书院，后改名梅溪书院，是第一所由国人创办的新式小学，采用新法教学，在学生中开展体操（体育）活动。张焕伦之子张在新在《先君兴办梅溪学堂事略》中这样写道："举德、智、体三育而兼之，与东西洋教授之法意多暗合者……有击球、投沙囊、投壶、习射、蹴鞠、超距、八段锦诸课，分日轮流演习。"1898年经元善在上海开办中国第一所女学堂——经正女学（又名中国女学堂），课程中也有体操一项，其教育宗旨中有"启其智慧，养其德性，健其身体"的句子。

南洋公学由盛宣怀创建于1897年，为今上海交通大学之前身，可以说是中国近代高等教育的雏形。学校初创阶段聘请传教士福开森为监院，根据福开森《南洋公学早期历史》中的回忆，当时的课程中有"每周二三次的军事操练课。引进了足球、棒球和网球等项运动"。

南洋公学于1899年举行了第一次运动会，在上海引起轰动。1901年，南洋公学成立了足球队，将目光对准了上海滩名噪一时的圣约翰书院（1906年正式改名圣约翰大学）。1890年5月，圣约翰书院在礼拜堂前的田径场上首度举办运动会，此时足球已被列入竞赛项目。这是目前有据可考的沪上第一场华人足球赛。1895年圣约翰书院成立以外籍教师兼任教练的足球队,这是上海历史上第一支足球队,球员都是当时的学生,还留着辫子,所以被人们称为"约翰辫子军"。本来圣约翰在上海"独孤求败",南洋公学也有了足球队,自然引来沪上足坛的一段"德比"佳话。

1902年,南洋和圣约翰举行了上海第一场足球对抗赛,自此以后双方交锋多次,互有胜负,如今上海足坛申花、上港之间热闹非凡的"德比"盛事,实滥觞于此。南洋和圣约翰的"德比"持续了四分之

1909年的南洋公学足球队

1917年的圣约翰大学体育部

一个世纪，到 1926 年方告一段落。

既然是"德比"，当然有主客场。圣约翰的主场是麦根路球场，即现在的中山北路、共和新路路口的火车头体育场。南洋公学主场则在徐家汇。双方每年来往交战各一次，竞争之激烈，"不亚于美国之哈佛与耶鲁，英国之牛津与剑桥也"。当时上海"观众动辄万千，学校邻近，倾巷以赴"，其盛况"无逊于浴佛节之静安寺庙会"。时人有这样的回忆："年年万人空巷，轰动社会一时。法租界的电车，也要特别多开几次，拖车也要多挂一辆；徐汇的小店，也就多添一点收入……"南洋、圣约翰"海上双雄"争霸赛甚至对江浙一带球迷也有

昔日麦根路球场，今日火车头体育场

吸引力，"故每遇本校与约翰比赛足球，万人空巷，莫不争先作壁上观，沿两路一带，至有不惮远道跋涉，专乘火车来沪，而以一饱眼福为快者，盛极一时，可以概见"。

南洋公学老校长唐文治是位超级球迷，为支持球队比赛，他发布公告："今日下午本校与圣约翰比赛足球，所有上、中院（上院为大学、中院为附中）各级一律停课一日，以便前往助威，尚望各球员努力比赛，为校争光，本校长有厚望焉。校长唐。"

足球运动的开展与兴盛，历练出我国早期足球史上一批"国脚"。上海第一位足球国脚冯建维来自圣约翰，而南洋的陆品琳则被称为全国球坛"一百零八将"之首，更有人认其为"我国之第一任球王"。

南洋公学足球队有一首足球歌，是这样唱的："南洋，南洋，诸同学神采飞扬，把足球歌唱一曲，声韵响。看！吾校的十一个足球上将，都学问好，道德高，身体强，身上穿了蓝与黄两色衣裳，雄赳赳，气昂昂，排列球场上。一开足，个个像活虎生龙，真不愧蜚声鸿誉冠中邦。喇喇喇……南洋、南洋……喇喇喇……南洋、南洋……"

参与体育的人要"学问好，道德高，身体强"，短短几个字，体现了早期上海体育人对体育运动的认知，这种意识是超前的，至今看来也是准确的。

刘长春"单刀赴会"背后的故事

一般的说法是，民国时代中国三次参加奥运会。这一说法是否正确，要看怎么定义"参加"两个字。1924年巴黎奥运会，北洋政府曾派出三名运动员参加网球比赛，但网球并非当时的正式比赛项目。1928年，国民政府派宋如海到荷兰阿姆斯特丹第九届奥运会"观光"。这些活动可看作1932年刘长春正式参赛的铺垫。

1932年，第十届奥运会在美国洛杉矶举行，23岁的刘长春代表中国首次参赛。当时刘长春的故乡东北已经沦陷，日本侵略者密谋让刘长春代表伪满参赛。刘长春得知后痛心疾首，愤然说道："良心尚在，热血尚流，岂能叛国，做人牛马！"1932年5月，他在《大公报》发表声明：我是中华民族炎黄子孙，我是中国人，决不代表伪满洲国出席第十届奥林匹克运动会。

当时的中华全国体育协进会由前国民政府外交部长王正廷负责，他向张学良"化缘"，少帅大笔一挥签了张8000块大洋的支票，折合美元1500元，刘长春参赛的费用有了着落。不过刘长春能出现在洛杉矶，和上海也是息息相关。

沈嗣良，1896年出生，宁波鄞县人，1919年上海圣约翰大学毕业后去美国留学，获哥伦比亚大学教育管理硕士学位。1923年回国后应聘为圣约翰大学教务长兼体育部主任。说沈嗣良是中国体育的先驱之一,一点不为过,他发起筹设中华全国体育协进会,任董事、总干事。因为经费紧张,原来国民政府只安排沈嗣良一人代表中国"观摩"洛杉矶奥运会,但在日本宣布刘长春、于希渭代表伪满洲国参赛的背景下,国民政府决定派刘长春、于希渭代表中国参赛。于希渭因日方阻挠未能成行,沈嗣良陪同刘长春出现在了洛杉矶。1936年,沈嗣良又作为总干事和总领队王正廷一起率中国体育代表团参加了柏林奥运会。

"单刀赴会"的刘长春在1932年洛杉矶奥运会上

和沈嗣良、刘长春同时出现在洛杉矶奥运会开幕式上的还有申国权、刘雪松、宋君复和托平。申国权原名申基俊,和沈嗣良同庚,1896年生于汉城(今韩国首尔)的朝鲜贵族家庭。1915年考入上海南洋大学(1921年后改名交通大学)中学部,1919年升入大学部,1923年肄业于电机科,和中国后来著名的电机专家钟兆琳、朱物华是同班同学。申国权英语流利,尤其擅长体育,保持的交通大学110米栏纪录数十年无人能破。1923年申国权入选当时的中国足球队,1930

1932年洛杉矶奥运会中国代表团入场

年任交通大学体育馆主任兼体育训练。

1932年申国权向交大校长黎照寰申请赴美参观奥运会得到批准，7月29日他在洛杉矶迎接刘长春和教练员宋君复。因申国权和宋君复曾在东北大学共事，他因此成为中国代表团的一员。如今留下的资料照片中，当时中国代表团入场时刘长春手持国旗，中间为沈嗣良，后排四人最右一位就是申国权。

回到上海，申国权在交大用英语向全校师生作了"世界运动会（即奥运会）参加之感想与报告"的演说，这份报告经由土木系学生秦绍基翻译后刊登在1932年10月19日的《交大三日刊》上。在报告的最后，申国权表示，奥林匹克重要的不是获胜，而是参与，请大家永记"Keep a Sound Soul，a Clear Mind and Healthy Body"，要求大家保持健全的精神、清晰的头脑和强壮的体魄。

申国权居住在愚园路的桠林别业，他积极参与韩国独立运动，填写履历时，"籍贯"一栏有时写吉林，有时写上海。在一份民国时代专科以上教工职员一览表上，有"申国权"的名字，职别写的是"体育主任"，籍贯写的是"江苏上海"。

1947年"汉城队"访问中国，申国权任领队。1948年申国权恢复韩国身份，作为韩国体育代表团副团长参加伦敦奥运会。韩国足球队在申国权的领导下，1956年和1960年连夺两届亚洲杯冠军，慢慢走上亚洲足球强国道路。在韩国，申国权被称为"足球教父"。

沈嗣良和申国权等都是大学教授，而刘长春能顺利参赛，还有一位上海"匠人"的贡献，他就是"火炬"牌运动鞋的创始人傅降临。

傅降临1892年出生于川沙，因信奉天主教，所以有了"降临"这个名字。傅降临13岁时在华德路（现长阳路）大成皮鞋店学做生意，后经教友介绍到徐家汇天主堂为孤儿传授制鞋手艺。在徐家汇，傅降临接触到很多热爱运动的外国人，一边帮教堂修鞋一边研究进口运动鞋的构造和制作原理。1915年他在八仙桥（今金陵中路龙门路附近）开了属于自己的店铺，1920年又在虹口东汉璧礼路（今东汉阳路）开设"傅中兴运动皮鞋店"，专门制作销售由他名字命名的"傅降临"牌运动鞋。

1932年，刘长春穿着"傅降临"运动鞋参加洛杉矶奥运会。刘长春的父亲在大连是开鞋店的，他对鞋子质量是有发言权的。能得到鞋店小开的认可，傅降临的鞋子质量差得了吗？1935年傅降临注册"火炬"牌商标，到1936年，傅降临做成一笔大生意：参加柏林奥运会的中国田径运动员刘长春、周余愚、张嘉夔等，穿的鞋子全都是"火炬"牌。

抗战全面爆发后，傅降临的事业受到很大影响，1949年他的工厂已入不敷出，濒临倒闭。解放后傅中兴鞋店在政府扶持下脱离困境，1957年公私合营，傅中兴运动鞋厂正式改组为上海运动鞋厂。1957年中国运动员郑凤荣以1.77米的成绩打破女子跳高世界纪录，当时脚上穿的钉鞋，是傅降临的徒弟王玉祥为她定做的。

奥运健儿赴国难

中国代表团参加1936年柏林奥运会之后才一年,抗战全面爆发了。在那届中国代表团中,多名运动员投身抗战并英勇牺牲,其中最有名的要数在奥运会上唯一一名进入复赛的中国选手——上海的撑杆跳高名将符保卢。

符保卢1914年出生于吉林滨江,在哈尔滨长大,是中俄混血。父亲是印书局职员,母亲是俄罗斯后裔。"保卢"这个名字就来自俄语"巴甫洛"。1930年符保卢还是16岁的中学生,就在东三省运动会上荣获撑杆跳高冠军,后考入(上海)暨南大学,仍然从事撑杆跳高项目。

1933年在南京举行的第五届民国全运会上,19岁的符保卢代表上海参赛,创造了3.75米的撑杆跳全国纪录。1935年符保卢在上海

中国首位进入奥运会复赛的运动员——撑杆跳高选手符保卢(左)

符保卢跃过横杆的英姿

举办的第六届民国全运会上又创造了 3.90 米的新纪录并夺得金牌。在 1936 年为参加柏林奥运会而举办的田径训练班测试中，他创造了 4.15 米的全国新纪录，这一纪录保持了 20 年，1956 年才被蔡芦墅打破。

  1936 年 8 月在柏林举办的第十一届奥运会上，符保卢预赛跳过 3.85 米，进入复赛。这也是那届赛事唯一一名进入复赛的中国运动员。中国代表团连一根撑杆跳的撑杆都没带，符保卢每次比赛都是向一名日本运动员借一根训练用的旧竹杆参赛。但在当天下午决赛时，意外状况发生了。那时天下着毛毛雨，杆子不顺手又打滑，符保卢未能取得更好的成绩。

符保卢高大英俊，1933年参演电影《海葬》，在上海滩颇有名气。1937年国家处于危难时刻，符保卢毅然参加空军，同年在空军军官学校第十二期驱逐机组毕业，任空军第四大队少尉三级飞行员。符保卢是第一批留学美国的学生，被派往美十四航空队服务。在与日军空战中，曾击落3架敌机。

1943年7月8日，符保卢在陪都重庆巴县白市驿机场附近接受P-40战机训练，于转弯时失速坠地，以身殉职。

当时的中国足球队实力不俗，拥有以"球王"李惠堂为首的一批优秀球员。外号"黑炭"的陈镇和是印尼华侨，祖籍厦门，就读于上海的暨南大学，和符保卢是校友。陈镇和英语好，国语、上海话说得都很好。他主打边路，个子小、速度快，有个外号叫"飞将军"。

1936年，陈镇和代表国家队参加柏林奥运会，仅以0比2输给英国队。他回国后投入抗战，参加的也是空军，担任飞行员。陈镇和于1941年牺牲，年仅35岁。

关于陈镇和殉国的细节，官方说法是在兰州遇到气流，栽入沙漠，包括陈镇和的弟弟也是这么说的。但也有当时的报纸报道，说陈镇和是在江阴轰炸日本战舰时被高

抗战中英勇牺牲的"国脚"陈镇和

射炮击落。无论如何，这位上海足坛的边路好手，在那一年消失在了祖国的蓝天下。

符保卢和陈镇和参加的是空军，而当年中国代表团中最为悲壮的，莫过于拳击队，四名参赛运动员王润兰、靳贵第、靳桂和李梦华，集体在抗战中为国牺牲，在中国体育史上谱写了气壮山河的史诗。他们尽管不是来自上海，但和上海体育也有很深的渊源。

王润兰又名王永兰，1913年生于河北省饶阳县一个富裕的乡绅之家。他从小喜欢武术，但父亲要他经商。不堪父亲的禁令，王润兰离家出走，投笔从戎。王润兰体格健壮且有良好的武术功底，很快被选入商震创办的西洋拳击队学习拳击，被称为军中"拳王"。

1936年，中国体育代表团在上海申园健身房（今胶州路昌平路静安工人体育场）进行拳击选拔赛。第32军西洋拳击队全体南下参加选拔赛，王润兰、靳贵第、靳桂、李梦华四人过关斩将，包揽了四个奥运会参赛名额。商震资助了5000元，又在赴柏林之前批准王润兰等四人到上海接受为期一个月的集训，请了英籍拳师比尔·丁格尔和上海精武会的中国拳师陈汉祥进行专业指导。

但王润兰等人的奥运之旅并不顺利。比赛前检查身体，李梦华、靳桂没有过关，被取消了比赛资格。王润兰参加重量级比赛，在和荷兰选手福特的比赛中，最后一局上嘴唇被打裂，血流满面仍坚持到终局，但比赛还是输了。

王润兰决心在下届奥运会雪耻，但抗战的爆发改变了他的计划。

他回国后在第32军某部任排长。1937年参加漳河保卫战，连续奋战四昼夜，战至10月21日拂晓，王润兰所在连队伤亡殆尽，阵地上只剩下他和十多名负伤的兄弟。数辆日军坦克攻上阵地时，身负重伤躺在战壕里的王润兰抱着集束手榴弹，和几名身绑炸药的战士一起扑向日军的坦克，英勇牺牲。

王润兰的队友靳贵第是河北省灵寿县人。他出身贫苦，自小习武，臂力过人。在柏林奥运会上，靳贵第遭遇英国中量级拳击冠军希瑞姆顿，因裁判误判而惜败于对手。卢沟桥事变后，第32军驻扎在邢台一带。在接到抗日前线作战的命令后，靳贵第将随军的妻女送归原籍，当时女儿不满4岁。1937年底，靳贵第在河南安阳的一次保卫战中牺牲，也是身绑炸弹炸日军的坦克。

对于另两名参赛选手靳桂和李梦华，历史没有留下太多的记载，我们只知道靳桂牺牲于台儿庄战役，而李梦华迟至1938年仍在抗日前线杀敌，此后没有了他的消息，或许亦已成为无名英雄。

为国牺牲的足球队员陈镇和在参军时作了一首诗：

男儿莫惜少年头，
快把钢刀试新仇。
杀尽倭奴雪旧耻，
誓平扶桑方罢休。

民国时期的两次全运会

中国的全国性体育运动会历史悠久，1949年之前总共举办过七届全运会，第一届比赛甚至可以追溯到1910年10月18日，当时还是清朝宣统年间，武昌起义刚刚爆发一个多礼拜，共有华北、上海、华南、吴宁（即江苏的苏州和南京）、武汉五个地区派出140名运动员参赛，比赛是在南京的南洋劝业场举行的。后因国家动荡，全国运动会也断断续续，在北京、武昌、南京都举办过。近代举办的七届全运会中，1935年的第六届和1948年的第七届是在上海举行的。

1935年10月10日第六届民国全运会正式开幕，比赛在新落成的上海市体育场（今江湾体育场）举行。这是首次按照国民政府教育部颁布的《全国运动大会举行办法》而举办的全国运动会。全国各省市（只有贵州省缺席），加上香港、马来亚、爪哇、菲律宾等地华侨参赛，共有运动员2273人。而1932年洛杉矶奥运会的参赛代表团不过40个，运动员总人数2000人。也就是说第六届民国全运会的规模超过了第十届奥运会。

比赛项目除了和奥运会（当时叫世运会）接轨外，武术（当时叫国术）也设立了锦标。1935年时抗日战争还未全面爆发，那一届全运会办赛最正规，水平也最高，是七届民国全运会中办得最成功的一届。

开幕当天下了点蒙蒙细雨，上海的三千名小学生表演了太极拳操。东北五省（当时东北有五省）运动员身穿黑色孝服，手拿象征白山黑水的黑白旗入场，数万观众无不动容。

上海代表队共派出223名运动员参赛，获得这届赛事的总锦标（相当于现在的奖牌榜第一）。哈尔滨运动员、中俄混血儿符保卢代表上海队参赛，以3.90米的成绩打破男子撑杆跳全国纪录并获得冠军。抗战爆发后符保卢加入中国空军，1943年壮烈殉国。

另一名代表上海队参赛的爪哇华侨运动员陈荣棠获得女子铅球和铁饼的双料冠军，一时成为沪上传媒追捧的对象。陈荣棠的身材并不魁梧，但她有个外号"铁观音"（可不是茶叶的名字）。陈荣棠的丈夫杨昆廷，别名杨帝霖，是中国第一位捕获活体大熊猫的人。20世纪50年代印尼发生排华事件，杨帝霖被逮捕，陈荣棠进行艰苦的营救，终于迫使印尼政府释放了杨帝霖。但陈荣棠忧愤成疾，一代田径名将于1960年病逝，年仅44岁。

1932年代表中国参加洛杉矶奥运会的辽宁运动员刘长春以10.8秒的成绩获得男子100米冠军，并打破全国纪录。

足球比赛是观众最多的。在此前进行的五届赛事上，上海足球队获得四届冠军，本以为本土作战应该可以顺利夺冠，未料半决赛竟然爆冷输给广东队，最终"球王"李惠堂领衔的香港队在决赛中3比1

战胜广东队夺冠，李惠堂在决赛中上演了"帽子戏法"。

篮球比赛发生一个小花絮，菲律宾华侨队在对四川队的比赛中打到了100分，可是当时篮球比赛的得分一般在五六十分，记分牌根本无法打出100以上的数字，观众大呼有趣，裁判无可奈何。

当年能参加全运会的运动员，大多是富家子弟，赛场也是时尚秀场，一时迎来各方关注。11天赛事总共吸引超过100万观众入场，门票收入达到10万元，可说是名利双收。

1935年第六届民国全运会之后，国民政府派代表团参加了1936年柏林奥运会，但竞赛成绩不佳。随后抗日战争全面爆发，国内的体育发展处于停滞状态。第七届民国全运会直到1948年5月才在上海举行，此时距离上次全运会已经过去了13年。比赛地点还是在江湾体育场。参赛的除当时各省市代表队外，还有陆军、海军、空军、联勤、警察以及香港、檀香山、暹罗、菲律宾、马来亚、西贡、仰光等地区的华侨，共有58支代表队、2670名运动员，是历届民国全运会中规模最大的。

1948年第七届民国全运会参照奥运会的惯例，以火炬接力为前奏，火炬从南京出发，途经汤山、句容、无锡、常熟、太仓，于5月5日下午3时抵达上海市体育场开幕现场。当天江湾体育场涌进10万名观众，由于组织工作欠佳，交通阻塞，秩序混乱，体育场东、西看台的栏杆均被挤断，30余人受伤，鞋子、包包、眼镜、手表被挤掉

第七届民国全运会的报道

的，不计其数。

由于组织工作混乱，赛事纠纷不断。足球比赛竟然出现"三黄蛋"，判出三支球队并列冠军（陆军队、警察队、香港队）；排球则由香港队和广州警察队并列冠军，也是个"双黄蛋"，这可能是世界体育史上的一件奇事了。

本届赛事最耀眼的明星当数出生于愚园路岐山村的上海聋哑人运动员楼文敖，他一人独揽5000米和10000米两项冠军。台湾地区首次派出代表团参加全运会，以绝对优势获得男子田径的总成绩第一，让人刮目相看。香港运动员黄婉贞一举打破女子50米和100米自由泳全国纪录，被媒体誉为"小美人鱼"。

连年战乱、官场腐败、经济困顿，体育比赛是社会生活的真实写照。1948年民国全运会许多成绩落后于1933年和1935年，由于官场中吃空额的作风蔓延到赛场，那届赛事的裁判员和工作人员的人数膨胀，一般认为那届赛事是历届民国全运会中最混乱的一届。赛场暴力事件频发，赛风混乱，赛事组织方不得不请来便衣警察维持赛场秩序。

当然比赛总有些亮点，比如马来亚华侨代表队的游泳女运动员，大胆

参加第七届民国全运会的上海籍长跑运动员楼文敖

地穿上了类似于比基尼的新潮泳衣,引来上海观众的围观。不过这样的盛事对近代中国来说,已经是回光返照。仅仅一年以后,国民党败退台湾,民国时期的全国运动会,也就宣告寿终正寝了。

民国女运动员的人生奋斗

1936年柏林奥运会中国代表团共有69人,参加正式比赛的女性运动员只有两人:田径的李森和游泳的杨秀琼。

来自上海的李森是位了不起的女强人。她从湖南衡阳农村跑出来,从长沙跑到上海,是当时东南大学女子体育师范学校的学生。在1935年民国全运会上,她包揽女子短跑三项冠军,还获得跳远亚军。

李森和杨秀琼是柏林奥运会中国代表团中最耀眼的体育明星。当时中国的竞技体育水平确实不高,因为经费不足、后勤保障工作跟不上,再加舟车劳顿,李森和杨秀琼状态不佳,只是止步于初赛。但李森和杨秀琼的出现在国际上引起了轰动。此前西方人对中国女性的想象,无非是"三寸金

20世纪30年代女子田径运动员李森

莲""弱不禁风",李森和杨秀琼健康向上,向全世界展现了中国新女性的形象。

抗战全面爆发后,李森投入到抗日洪流中。她回到老家湖南开办女子体育学校,得到当时国民政府湖南省主席何键的资助。何主席提出要李森做他的"红颜知己",李森没有同意,但也不得不离开湖南来到成都担任体育教员,和飞行员王隆德结婚。1942年,李森因产后大出血病逝,年仅28岁。

相比之下杨秀琼的人生更为曲折。她出生于香港商人之家,1933年民国全运会上包揽所有参赛项目的金牌(当时年仅15岁),成为媒体的宠儿,被誉为"东方美人鱼",也是国民政府非常需要的"形象大使"。杨秀琼是那么年轻、那么富有活力,简直就是"新生活运动"的最佳代言人。

奥运会结束回到国内,杨秀琼的生活遇到了困难。她和一位骑师结了婚,1937年来到重庆。杨秀琼的游泳事业只能停止,生活巨大的落差令她无法接受。抗战胜利后杨秀琼回到上海,当过

"美人鱼"杨秀琼(中)

记者，后远赴加拿大，于 1982 年病逝。

后来担任过《人民画报》副总编辑的胡考（1912—1994），30 年代曾在上海画过漫画，他的《胡考素描》和长篇小说《上海滩》都很有名。那时的胡考年轻气盛，创作过一幅《大出风头》，用简单的几何线条将当时中国的名人画在同一幅画里，画风大胆泼辣。画中人物既有当时国民政府的大人物林森、蒋介石、汪精卫、孙科、孔祥熙、宋子文、张学良等，也有演艺界明星梅兰芳、胡蝶、王人美等。画中有两位体育明星："美人鱼"杨秀琼和"矮脚雌虎"钱行素。

钱行素于 1915 年出生，是土生土长的上海人。民国时代的文章写她是嘉定人，现在闵行区认她为同乡。为什么会有这样的争议？因为她出生在上海近郊的纪王，这个镇千百年来属于嘉定，到 1958 年划归上海县（后改闵行区），所以说她是嘉定人或是闵行人都没错。

"矮脚虎"钱行素

钱行素的父亲钱安生是木匠，平时喜欢练武，是嘉定著名的大力士，女儿受父亲影响，酷爱体育活动。1930 年，15 岁的钱行素从嘉定县初中毕业，放弃了到黄渡师范学校学习的机会，报考上海东亚体育专门学校附设的体育师范科，由此开始了她的体育生涯。

钱行素身材矮小但极具天赋，专业训练两年就参加万国运动会获得女子 4×100 米接力赛冠军和跳远亚军。1933 年第五届民国全运会，钱行素连获女子 100 米、200 米、80 米低栏和女子 4×100 米接力四项田径冠军，还获得跳远第二。上海的《时事新报》全运会特刊用"南钱北刘"的标题进行报道，将她和第一位代表中国参加奥运会的辽宁运动员刘长春相提并论。

1936 年，钱行素才 21 岁。从东亚体专毕业后，她先后在务本、明德、启秀、智仁勇等女中和大同、暨南、东亚体专等校担任体育教师，1950 年到复旦大学任体育讲师。

钱行素的丈夫是嘉定同乡陈梦渔。陈梦渔是辛亥革命元老，和庞醒跃等人一起创办了东亚体专。校长庞醒跃因为经费困难、无力支撑而出走，陈梦渔主持校务，一直维持到 1949 年。陈梦渔担任校长的 20 年间，东亚体专经历了抗战期间的停办，又在胜利后恢复办学，很不容易。

陈梦渔比钱行素大 20 岁，他们的结合属于"师生恋"。1951 年陈梦渔因"历史问题"入狱，直到 1975 年才落实政策。56 岁进监狱，80 岁出来，他熬了过来，但性格倔强的钱行素没有熬过来。1968 年，她于绝望中自缢，那一年她才 53 岁。

80 岁出狱的陈梦渔后来又活了 11 年，他加入民革，撰写了不少文史资料。他的女儿在海外，要接他去美国定居，陈梦渔的回答是"老年更觉家乡亲"，始终没有离开。1985 年，上海市高级人民法院撤销了对陈梦渔的判决，那一年他 90 岁，第二年陈梦渔病逝。

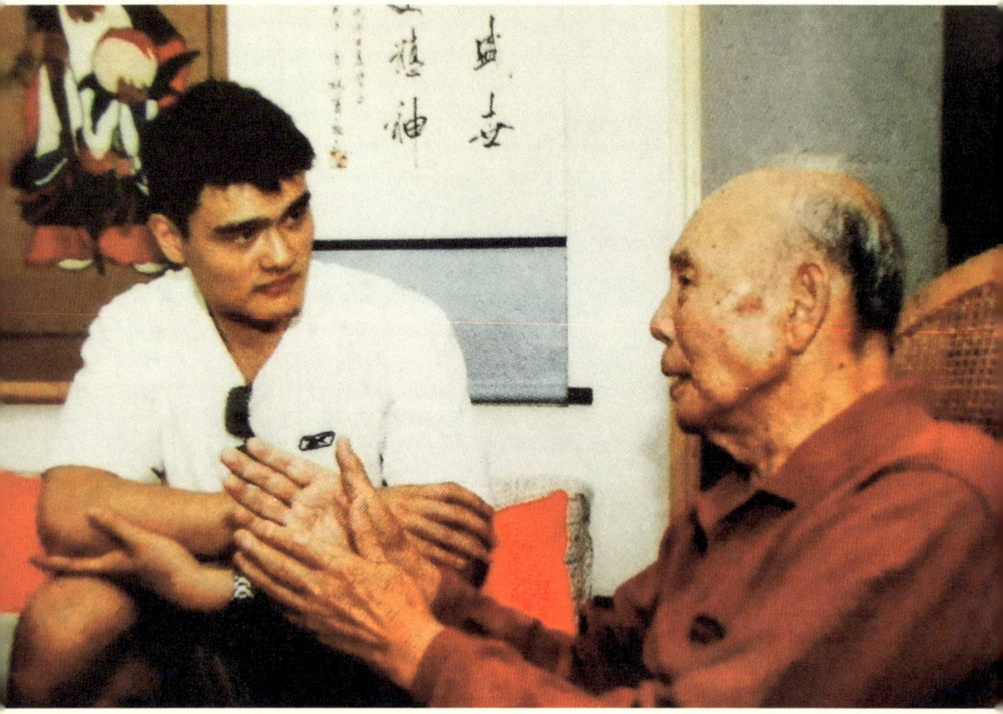

走向世界的梦想

国球辉煌的精神传承
是什么造就了朱建华?
"上海的高度"是怎样炼成的
"我的名字是刘翔"
陶璐娜的沉稳与坚强
吴敏霞:一颗冠军的心

国球辉煌的精神传承

乒乓球是中国的国球。自1959年容国团在联邦德国多特蒙德举行的第二十五届世乒赛上为中国夺得第一个世界体育比赛冠军以来，中国乒乓健儿在世界赛场上争金夺银、为国争光，取得无数荣誉，经历了由弱到强、持久昌盛的发展历程。中国乒乓球队的队训"你不要这一分，祖国还要这一分"，激励着一代又一代乒乓人拼搏奉献、不断攀登，铸造了令世人瞩目的国球辉煌。

讲述中国乒乓球的历史，一般总是从容国团说起。不过中国乒乓球运动历史的起点，却在上海黄浦区一条不起眼的小马路：昭通路。这条位于河南中路和山东中路之间的小马路毫不起眼，而在1904年（清光绪三十年）时，昭通路却是热闹所在。昭通路、河南路（今河南中路）路口曾有一家名为"合记"的文具店，店主王先生从日本进口了乒乓球器材销售，并组织运动员示范表演，这被认为是乒乓球在上海的"首秀"。

民国时代上海的乒乓球运动蓬勃开展，华一、俭德、邮电等强队"各领风骚"。由上海运动员组成的中华队参加远东运动会，数次较量均不敌日本选手。上海解放后，群众性乒乓球运动蓬勃发展。据统计，1954年全市拥有乒乓球队4533个，乒乓球台7222张，全年比赛有 4 万多人参加，到 1955 年，乒乓球队增加到 7264 个，乒乓球台 8701 张，参赛运动员达到 5.7 万人。在良好的群众基础之上，球星应运而生。

徐寅生于 1938 年生于今延安东路、浙江中路路口的一幢普通石库门房子里。1949 年 5 月 27 日上海解放，11 岁的徐寅生目睹解放军夜间睡在他家弄堂口的马路上，不扰民。他从小喜欢打乒乓球。在一所弄堂小学里，他一点点打出名堂；在没有受到系统训练的情况下，自己雕琢球技。1959 年徐寅生和李富荣、杨瑞华、张燮林、薛伟初等搭档获得第一届全运会男子团体冠军，并进入国家乒乓球集训队，入选了第二十五届世乒赛的中国男团主力。而他最为人所熟知的便是两年之后 1961 年第二十六届世乒赛中的"十二大板"。

那届世乒赛男团决赛第三场第三局，徐寅生以 20 比 17 领先日本

徐寅生反手攻球

运动员星野。徐寅生耐心地一板一板扣杀星野，中国队的第一个团体冠军也越来越近。"八板！九板！十板！……"球场内一片欢腾，万余名观众情不自禁地随着球的起落而齐声喝彩，当数到第十二大板时，徐寅生终于以胜利取得了荣耀。徐寅生和李富荣为上海获得第一个世界冠军。

徐寅生以一个"巧"字立足世界乒坛，被称为"智多星"。他在参加的四次世乒赛（1959年、1961年、1963年和1965年）上，三次作为主力成员帮助中国男队获得冠军。为帮助中国女队在第二十八届世乒赛上打翻身仗，1964年，徐寅生到女队介绍经验，一篇"关于如何打好乒乓球"的讲话，得到了毛泽东主席高度赞扬："讲话全文充满了辩证唯物论，处处反对唯心主义和任何一种形而上学。多年以来，没有看到过这样好的作品。"

退役之后的徐寅生于1965年出任国家乒乓球男队教练，1970年成为中国乒乓球队第一任总教练。他在传统近台快攻的"快、准、狠、变"四字风格中加一个"转"字，完善了直拍快攻打法。

徐寅生带领中国乒乓球队获得诸多荣誉。1995年，徐寅生当选国际乒联主席，在任期间他一手推动38毫米小球向40毫米大球的改革，为世界乒乓球运动的发展做出巨大贡献。

谈到自己的乒乓人生，上海人徐寅生说："我们上海的运动员，脑子比较活一点，不那么死板，愿意接受新事物……当把国家的荣誉放在第一位时，才会真正去拼搏，才能产生巨大的力量。"

精心修饰的发型、得体素淡的服装、温柔婉约的谈吐,端着一杯下午茶的曹燕华看起来是一位上海街头常见的优雅女士,只有当谈起乒乓球时,她的眼神忽然散发出一般人没有的光芒,一种世界冠军才有的霸气。

1962年出生的曹燕华从会走路起,就跟着父亲、堂哥和姐姐们打球,小学二年级,父亲给她买了一块价值五元钱的"红双喜"球拍,要知道那时候老曹一个月的工资只有三四十元。在虹口少体校,她又幸运地得到名师、著名足球教练朱广沪的太太王莲英的指导,王指导挑了12名小球员,10名进了国家队。曹燕华,当然是其中之一。

1977年在卢湾体育馆,15岁的曹燕华遇到了徐寅生、李富荣,在主席台上,李富荣问她:"你想拿世界冠军吗?"曹燕华回答:"想。"多年以后曹燕华回忆起这段经历,笑着说:"我这辈子从来不吹牛皮,那是一个,最大的一个。"

女子乒乓球世界冠军曹燕华(签名照片)

想当世界冠军，算什么吹牛皮呢？只不过六年以后，曹燕华真的成了世界冠军。1983年第三十七届世乒赛，她在决赛中战胜韩国选手梁英子，加冕世乒赛女单冠军。"这个孩子心真大。"同是上海人、同是世界冠军的女队教练张燮林笑着说。别的运动员决赛前都紧张得不行，曹燕华竟然在嘈杂的体育馆里睡着了。"那时我真的累了呀。"曹燕华风轻云淡地说。

23岁就挂拍退役，在短暂的职业生涯中，曹燕华获得7次世界冠军，获得过世乒赛4个项目（团体、单打、双打、混双）冠军大满贯。如果说有什么遗憾，她和上海乒乓球的传奇人物徐寅生、李富荣、张燮林、王传耀、林慧卿、郑敏之、李振恃、张德英等一样，获得过多次世界冠军，却和奥运会无缘。

但曹燕华是幸运的。退役后她作为第一个创立民办乒乓球学校的前世界冠军，培养出多名冠军选手。她的爱徒许昕成为奥运冠军，弥补了恩师的遗憾。

2000年，1978年出生的王励勤和闫森搭档，夺得悉尼奥运会乒乓球男双金牌，2008年又夺得北京奥运会乒乓球男团金牌。王励勤成为第一位获得奥运金牌的上海乒乓球运动员。除了奥运冠军，王励勤多次获得世界冠军，其中2001年、2005年和2007年三次获得世乒赛男单冠军。因其内向的性格和沉稳的球风，王励勤被球迷爱称为"王大力"。

王励勤出生于静安区（原闸北区），幼儿园起开始打球，启蒙教

王励勤

练对事业的执着令他终身难忘。2019年,已经退役多年并成为体育官员的王励勤透露了自己成功的秘诀:确定好方向后,绝不因为考虑太多而束缚自己的意志和手脚;面对困难和挫折时,应该成为一个实干家,用永不言弃的态度去克服它。他说:"中国乒乓球队前辈的精神鼓舞着我。"从运动员到教练员,再到一名体育管理者,王励勤始终专注、奋进。打球时把自己的所有奉献给乒乓球,退役了又在管理工作中倾尽全力,除了陪家人,他几乎没有属于自己的时间。有人问他有什么业余爱好,王励勤想了想,说:"没有。"

上海是中国乒乓球运动的发源地,自徐寅生、李富荣获得第一个世界冠军以来,共培养了20多位世界冠军,在全国也是最多的。王传耀、孙梅英、张燮林、郑敏之、林慧卿、陆元盛、李振恃、张德英、倪夏莲、曹燕华、何智丽、丁松、许昕……太多闪光的名字铭刻在奖杯上，也铭刻在球迷的心里。

为国争光的信念，善于动脑的性格，扎实肯干的作风，发现问题、解决问题的能力——也许这就是以徐寅生、王励勤为代表的上海乒乓球手宝贵的精神传承，也是上海体育事业长盛不衰的秘诀所在。

是什么造就了朱建华？

在 1987 年的一次高中物理考试上，有这样一道趣味题："朱建华在月球上能跳多高？"这道题的答案出现了一些争议，很多人因为没有考虑人体重心在起跳时就有一定的高度而答错了。最终的答案是：朱建华在月球上能跳到约 8 米的高度。

只是一道普通的物理题，但从侧面说明了朱建华当时的知名度。

朱建华

从 1983 年 6 月到 1984 年 6 月，短短一年时间，可以说是"朱建华年"。1983 年 6 月 11 日，朱建华在第五届全运会预赛中以 2.37 米的成绩首次打破男子跳高世界纪录；随后在 9 月 22 日全运会决赛中征服 2.38 米，第二次打破世界纪录；接着在 1984 年 6 月 10 日德国国际跳高邀请赛上越过 2.39 米，第三次将男子跳高世界纪录改写。短短一年里三次打破世界纪录，朱建华和他的教练胡鸿飞成为家喻户晓的人物，书写了中国田径史上的灿烂篇章。

然而，就在所有人期待朱建华能在 1984 年洛杉矶奥运会上为中国队赢得金牌时，朱建华最终只获得了一枚铜牌。赛后人们有诸多总结和猜测：准备工作不足、比赛经验不够、思想包袱太重……事实上影响比赛成绩的因素有很多，朱建华跳出的 2.31 米的成绩并不差，而他的竞争对手也很强。如今的中国体育观众已经可以视"胜败为兵家常事"，然而当时，第一次面对奥运会这样的赛事，需要适应环境的，岂止教练员、运动员而已。

8 月 15 日，中国代表团从洛杉矶乘飞机回国。获得金牌、银牌的选手可以坐在头等舱，作为铜牌选手，朱建华只拿到一张经济舱机票。当时国家体委训练局局长李富荣把朱建华请到了头等舱，但他坐了一会儿又悄悄溜了回去。领导在龙柏饭店为奥运健儿接风洗尘，朱建华躲在门外抹眼泪。教练胡鸿飞问他怎么了，朱建华说了这样一句话："胡指导，我家里被人砸了。"

痛心疾首的教练胡鸿飞认为朱建华对他过于依赖，每次比赛寸步

胡鸿飞（中）和朱建华（右）

不离。奥运会比赛教练只能坐在看台上，朱建华的眼里看不到教练，产生焦虑，影响了比赛。胡鸿飞或许过于自责，但他确实说出了这对师生之间情同父子的半生缘。

1925年出生的胡鸿飞在上海解放前做过小职员，后担任中学体育教师，到1957年才担任南市区业余体校教练，长期在当时的南市区工作，1978年才进入上海体工队，那一年他已经53岁了。胡鸿飞遇事爱琢磨，他只是一名最普通不过的基层教练，限于当时的国情，他根本看不到国外高水平运动员的比赛录像，对技术动作的研究，只是靠几张进口杂志上的照片。但这难不倒善于动脑的胡鸿飞，就这几张照片，让他感觉到跳高技术正在发生革命性变化。难得看一场《铁道游击队》电影，他从火车相撞瞬间垂直升空的镜头里感悟到技术动作的革新方向。他正是用这些自己研究出来的"土办法"，造就了朱建华的传奇。

1963年出生的朱建华，10岁时被胡鸿飞选中，因为长得又高又瘦，被人称为"竹竿"。那天学校里来了位老师，专门走到他跟前，让他跳几下，又摸了摸他膝盖上下的腿部肌肉。一切，就这样开始了。胡鸿飞和朱建华生活、训练在一起，胡鸿飞了解朱建华的一切，朱建华绝对信任甚至依赖胡鸿飞。这对师徒从南市老城厢起跳，用纯粹的上海方式跳过了一个又一个目标。

或许是洛杉矶奥运会让朱建华心灰意冷，之后他再也没有获得太好的成绩。1987年他获得第六届全运会金牌时的成绩是2.24米。1989年，27岁的朱建华在风华正茂的年龄执意隐退。1993年，正在美国留学的朱建华短暂复出，回国备战第七届全运会，可惜因为赛前意外受伤，复出没有成功。

彷徨也好，质疑也罢，离开赛场的朱建华拒绝生活在别人的眼中，他选择了沉默。1995年，朱建华回到国内，成立自己的公司，做起了生意，"我就是个通俗的生意人"，在一次采访中他这样说。凭借自己的努力和朋友的帮忙，或许也有他自己说的"福分"，朱建华的生意做得风生水起。谈到自己的生意经，他只有两个字：踏实。

朱建华退役后，胡鸿飞依然奋战在一线。他建立了自己的跳高俱乐部，每天忙着选拔人才。他又培养了新的冠军，然而朱建华的辉煌

朱建华在第五届全运会上打破世界纪录

终是不可复制。胡鸿飞患有鼻咽癌，但他长期带病工作，很多摄影记者拍到过他骑着一辆自行车（上海人说的"老坦克"）穿梭在上海街头的照片。他对自己的队员说："没有思想的高度，就没有横杆上的高度。"他坚信70多岁患病的自己，还能为社会做点什么。2001年胡鸿飞与世长辞，享年76岁。

朱建华的生意还是和体育有关，他的公司成为中国第一批体育经纪公司，他还创办了体育器材公司，上海八万人体育场的灯光照明设备就是由朱建华的公司负责的。中国体育开始由体育大国向体育强国迈进，人们开始客观看待胜负和奖牌。朱建华虽然在洛杉矶没能获得金牌，但这枚铜牌同样来之不易。这可是中国田径在奥运会上获得的第一枚奖牌啊!

如今的朱建华,在中国和美国都有自己的事业。回首自己的体育人生,他云淡风轻。有一天,人到中年的朱建华到一座由他负责工程项目的体育馆看现场,从远处过来一位阿姨,拉着他的手说:"咦,你不是朱建华吗?你是我们那个年代的'飞人'啊!"朱建华笑了。那一刻,距离1984年已经过去了30年,胡鸿飞那代人,已经不在了。

"上海的高度"是怎样炼成的

2015年4月11日,上海师范大学会议中心"高人"云集、热闹非凡。中国"篮球泰斗"李震中百年寿诞,篮球界齐来为这位世纪老人祝寿。以队长身份参加过1948年伦敦奥运会的李震中老人身穿红色唐装,头戴棒球帽,精神矍铄。庆贺人群中最显眼的,非"上海的高度"姚明莫属。姚明把鲜花献给李震中,感谢老人对自己的教导,二人的手紧紧握在一起。

李震中于1916年生于天津。民国时代参与体育运动的大多是富家

"托塔天王"李震中

子弟，而李震中出身贫寒，是天津街头冒出来的。天津是中国篮球的发源地之一，"南开五虎"曾名震中外。李震中的年龄比"南开五虎"略小，是"良华五虎"之一，也有称为"后南开五虎"的。李震中原名李富贵，后因立志要在中锋位置上打出名堂，改名为"李震中"。

李震中身高1.88米，在民国时代已经算巨人了。中国著名戏曲史家蒋星煜先生是忠实篮球迷，他曾写过一篇文章《旧上海看篮球比赛》，专门说到李震中：

……虽然身高不及美国人，但他把球托在掌心，跃起时手掌与篮圈正好平衡，轻轻一推，球就进了，所以被称之为"托塔李天王"。我有幸观摩过不少次数李震中的"托球进网"，无比愉快……有时跃起以后，遇到意外的阻挡，他会临时改变角度，在半空中呈现出一种难以设想之舞蹈美……

初出茅庐的李震中本有机会参加1936年柏林奥运会，名单公布时却没有他的名字。这一错过就是整整12年。抗战期间国土沦陷，李震中作为运动员最好的青春年华在颠沛流离中过去了，他经常失业、生活无着。到1948年，李震中以队长身份参加伦敦奥运会，那一年他已经32岁，巅峰时期已过。在那届奥运会上，中国男篮以127：27战胜伊拉克队，足足赢了对手100分，但整体实力不足，最后总成绩位列第18名。李震中的运动员生涯，随着1948年奥运会的结束而终结了。

1946年李震中就在上海交通大学担任体育讲师，后又在华东体育学院（上海体育学院前身）和上海师范大学任教。新中国第一部体育高校通用的篮球教材是他主持编写的。除了篮球，李震中对手球运动也有杰出贡献，担任过上海手球队教练和中国手球协会副主席。

2001—2002赛季CBA总决赛第四场在宁波举行。此前总比分2:1领先的上海男篮破釜沉舟，发誓要把冠军奖杯带回上海。最终上海队终结了"八一王朝"的六连冠，拿到上海迄今为止唯一一个含金量十足的CBA总冠军。

领奖台上，42岁的上海队主教练李秋平泣不成声。只有最熟悉的朋友才了解他此时热泪的意义。李秋平的妻子因患绝症于当年年初不幸去世。这位有"小诸葛"美誉的上海男人强忍悲痛，继续带队，终

李秋平

于帮助上海男篮完成了夺冠夙愿。

李秋平出生于军人家庭,父亲是海军军官。因为运动天赋出色,曾作为短跑苗子培养,后进入市少体校篮球班。他靠着自己的天赋和努力,从少体校、青年队、成年队、国青队、国家队,到转型做教练,开始是执教上海女篮,最终走上上海男篮主教练的位子。走到哪里,人们都说:"秋平哇,伊是老好老好的人哎。"

李秋平接手上海男篮后,如何扭转颓势是一道摆在他面前的难题。但他无比坚定,因为他手中有一块璞玉:上海队老队员姚志源和前女篮国手方凤娣(外号"大方")的儿子,年轻的姚明。"一点点来,大方的儿子,现在还嫩,但好好调教和练,少受伤,几年后肯定是国内最好的中锋。"

送到李秋平手里的姚明,已经经过了徐汇少体校教练李章民的悉心指导。1988年,李章民第一次看到姚明,第一印象就是高,但人太瘦小、太单薄,比同年龄的人内向,不善于讲话。但李章民对姚明印象不错,这个小伙子做事认真、自觉,教练布置的内容和要求,会灵活运用,根据自己的能力去执行。在李章民手里训练6年,姚明从未因为完不成训练目标而受罚。谈及姚明,李章民用上海话说:他懂得看"山水",比较"会"。

姚明出身篮球世家,居住在上海体育学院职工宿舍,从小受到各方关注。他长得高,吃得多,家里收入又不高,为了能保证他的营养,姚志源和方凤娣动足了脑筋。姚明是幸运的,在李章民等优秀基层教练的启蒙、李秋平这位"小诸葛"的重点培养、李震中为首的篮坛前辈的悉心呵护下,他带领上海队获得CBA总冠军,以"选秀状元"的身份进军美国NBA,后来又担任上海男篮的投资人进而成为中

李震中和姚明

国篮协主席。说姚明是中国篮球"第一人",没有任何争议。他被称为"上海的高度",也是上海这座城市的骄傲。

姚明成功的基础是他的天赋和努力,上海深厚的篮球积淀也功不可没。2018年李震中以102岁高龄仙逝,姚明称他是自己的"祖师爷"。2016年姚明入选"奈史密斯篮球名人堂",李秋平和李章民一起坐在观众席上观礼。

发言的时候,姚明感谢了自己的父母、妻子、小孩,把他放在自行车后座上带他训练的李章民和把他带上CBA总冠军宝座的李秋平两位恩师,然后他一字一顿,认真地说:"我要谢谢上海这座城市……他们培养我,训练我,帮助我,让我做好了迎接人生下一个挑战的准备……"

"我的名字是刘翔"

2015年4月7日,刘翔在微博上发表《我的跑道我的栏》,宣布退役。一段中国田径的传奇落幕。他曾经是实现突破的英雄,更是各方媒体的宠儿。从民族英雄到悲情英雄再到"普通人",他的形象数次转变,当他离开人们视线的时候,人们才猛然发现,刘翔曾经创造过多么伟大的成绩,达到后人很难达到的高度。他是中国体育的一面旗帜、一座高峰、一位领军人物。

时针拨回到2004年8月28日,那可能是刘翔一生中最辉煌的时刻,也是中国田径历史上最伟大的时刻之一。在雅典奥运会男子110米栏决赛中,刘翔以12.91秒的成绩获得金牌,这个成绩也平了该项目的世界纪录。刘翔用力地向观众挥手。当体育场的广播报出他的名字时,刘翔身披国旗,跳了上去:"我是刘翔,我是奥运会冠军!"

一夜之间,所有人记住了"刘翔"这个名字。在奥运会的历史上,短距离径赛是非洲裔运动员的天下,还没有亚洲选手能获得金牌,刘翔实现了突破。有媒体称这是"亚洲奇迹",说刘翔"为亚洲带来希望"。2006年,他又在瑞士洛桑以12.88秒的成绩打破尘封13年之久的男子110米栏世界纪录。刘翔成为全民超级英雄,全亚洲、全世界的。

刘翔

然而仅仅两年之后，命运急转直下。2008年北京奥运会的男子110米栏预赛，第一枪有运动员犯规，但赛前就面露痛苦之色的刘翔仿佛已经用尽了全部力气，一瘸一拐地退出了比赛。刘翔怎么了？曾经的超级英雄，在本土举行的奥运会上，竟然掉了链子？

有多少人知道他赛前就受了伤？为了参赛，他已经付出了最大的努力。"民族英雄"成了"悲情英雄"，改了两个字，刘翔从巅峰跌落。

命运的捉弄还没有结束。2012年伦敦奥运会，刘翔又出现在预赛赛场。此前他接受手术，恢复了状态，在超风速下跑出过12.87秒的平世界纪录的成绩。人们对刘翔依然充满期待，但绷着刘翔的那根弦，在最不应该断的时候断了。在跨越第一道栏时，刘翔摔倒了，跟腱断裂。他坚持单腿跳到终点，亲吻了陪伴自己青春的栏架。那一刻他知道，自己的运动生涯该是结束的时候了。

刘翔回归一个普通人。一个在12年职业生涯里参加48次大赛，45次站上领奖台，获得36次冠军的"普通人"。他获得了世锦赛冠军、奥运会冠军和打破世界纪录的"大满贯"，是110米栏项目中的唯一。

"情愿倒在场上，也不愿意黯然失色地离开运动场。"在刘翔退役多年后，他的恩师孙海平在接受电视记者采访时说了这样一句话。的确，对刘翔，对110米栏这个项目，没有人比他的了解更深刻。2008年北京奥运会，当刘翔因伤退赛时，孙海平在新闻发布会上掩面痛哭。"刘翔一直在玩命"，这是孙海平面对镜头时的话。

孙海平是田径运动员出身。1974年，美国田径队到上海访问，上海田径队和美国田径队进行了一场对抗赛，孙海平看到成绩的差距，更感受到自身在训练思路、训练理论上的落后。孙海平是上海体育学院在改革开放后培养的第一届毕业生，他勤于思考，不断学习，有自己的理念：训练是改造人，教练的训练思路、训练方法，目的是改造运动员，让运动员通过训练使机体发生变化，变被动为主动。

在刘翔之前，孙海平已经调教出陈雁浩等优秀运动员，他和刘翔的相遇更像是一种命运的安排。在市二体校训练时，他看到一个小朋友，各方面条件非常不错，孙海平留了心，但他马上就带着陈雁浩出国比赛了。等他回来，那个小朋友已经回到宜川中学上学了。孙海平始终想着刘翔，想方设法想把他要回来。通过刘翔的父亲，终于做通了工作，刘翔从宜川中学又送回到孙海平这里，专项从事跨栏。

孙海平

在孙海平的眼里，刘翔是一个聪明、孝顺的小孩。参加第九届全运会期间，刘翔的奶奶去世了。当时队里面怕影响他比赛，比赛结束后才告诉他这个消息。刘翔失声痛哭，让所有人动容。刘翔的爷爷因为年龄大了住在医院里，他只要有一两天空，就会去看他的爷爷。从这些细节中，孙海平认定刘翔的人品很好，他是个不可多得的人。

对自己和刘翔的关系，孙海平有这样一段叙述："刘翔刚到我这里的时候，我是搀着他的手一起走。后来他慢慢水平提高了，我们两个人是肩并肩一起走。到现在,刘翔已经成长了,他是成年人了,我现在是跟着他走。"

孙海平一辈子围绕着跨栏,业余时间除了看看书上上网,没有别的爱好。刘翔退役了,他的执教生涯还在延续。他希望再培养几个苗子。能否达到刘翔的高度?他希望命运能再次给予馈赠。

刘翔从宜川中学一个普通的孩子,成为民族英雄,又回到普通人的身份,他的一举一动总是媒体报道的对象,他有点累。直到他退役之后,人们才猛然发现刘翔意味着什么。当人们发现复制一个刘翔是多么遥不可及时,"刘翔"的形象才更加清晰起来。正如孙海平教练所说,刘翔在成长。

从少不更事到历经世事,刘翔一直在寻找一个更好的自己。在人生的赛道上,他还要面对很多栏架,他,还在路上。

陶璐娜的沉稳与坚强

2000年9月17日,26岁的上海姑娘陶璐娜以预赛第一的成绩进入悉尼奥运会女子气手枪决赛。此前,中国运动员在首日比赛中遗憾地和金牌失之交臂。陶璐娜虽然多次获得过世界赛事的冠军,但对于奥运会这样的赛事,她还是个新人,她行吗?她能为中国代表团夺下至关重要的首金吗?

决赛中陶璐娜表现出出乎意料的镇静和稳定,最后以超过第二名1.7环的成绩毫无争议地把金牌揽入怀中。在冠军领奖台上,当国歌唱响、国旗升起之时,陶璐娜依然没有太多的表情。记者问她夺冠

陶璐娜

后最想做的事情，陶璐娜说："我要打电话给我的启蒙教练和妈妈报喜。"多年以后有人问起陶璐娜当时何以如此镇定，已经是一名体育管理者的陶璐娜笑着说道："说不紧张不激动是不可能的，但我已经做好了一切准备。冷静，专注，只要上了赛场，这是必须做到的。"

陶璐娜所说"一切的准备"，故事要从1987年上海南市老城厢的明德中学说起。13岁的初中生陶璐娜和普通的上海小姑娘一样，做着自己的大学梦。体育？奥运会？那是日本电视剧《排球女将》里的故事。那一年，她和同学一起报名参加射击兴趣小组，遇上了她生命中第一个重要的人：南市少体校的射击教练翁绍兴。

翁绍兴教练是乒乓球运动员出身，当过兵，在部队里练射击。他一眼就看出陶璐娜身上所具备的天赋，决心把她培养成材。那个年代的女孩子要当运动员还是有顾虑的，翁绍兴几次家访，终于说服陶璐娜加入了少体校。陶璐娜后来遇到过很多世界最高水平的教练，作为基层教练，翁绍兴能教她的技术不多了，但陶璐娜说："他谦虚随和的品质对我的影响特别大。"

1992年，陶璐娜进入市队，遇到第二位恩师谢前乔。她和谢前乔朝夕相处八年时光，情同父女。谢前乔是个特别认真负责的教练，每天晚上他都睡得很晚，不是给队员维修枪支，就是准备第二天的训练计划。如今，他的学生陶璐娜已经退役多年，谢教练也早就退休了。但他们仍然像过去几十年一样，在聊射击。只是聊的方式从电话、邮件，变成了微信、视频。陶璐娜说："谢前乔仍然是我的教练。"

1993年，陶璐娜遭遇了人生中一次挫折。本来由她参加第七届全运会已是板上钉钉的事，但临到比赛开始，她又被"拿下"了。陶璐娜想不通，甚至动了退役的念头。但她始终是那个沉稳坚强的陶璐娜。她把愤怒和委屈放在心里，默默发誓一定要练得更好，练到无可取代。谢前乔说她有"大家风范"，很快，陶璐娜从挫折中走了出来，迎来了人生中最重要的机遇。

　　这个机遇在1997年来临，她进了国家队，师从为中国实现奥运会金牌"零的突破"的许海峰。对许海峰，陶璐娜又敬佩又崇拜，作为运动员的许海峰自不待言，作为教练，他也培养出李对红等优秀选手。果然，在许海峰的调教下，陶璐娜在国际赛场崭露头角，为她在奥运会夺冠打下坚实基础。

　　但是想在奥运会这样的赛事中获得金牌，陶璐娜毕竟还显得稚嫩。去悉尼之前，她的"心魔"一直无法克服，每逢重要比赛总是急于求成，导致压力过大而发挥失常。怎么解决这个问题？她又遇到了人生中的一位"贵人"：首都体育学院的心理学专家刘淑慧教授。针对陶璐娜的特点，刘淑慧做了很多有针对性的工作。她用专业的手段让陶璐娜专注于比赛，不被外界的情况所打扰。陶璐娜把刘淑慧的讲课录下来，每晚听着老师的录音入睡，以免产生私心杂念。通过一段时间的练习，陶璐娜终于炼成"山崩于前不变色"的心理素质，具备了奥运夺金的一切条件。

　　奥运会预赛结束后，陶璐娜以390环的成绩名列第一。射击赛场应该是安静的，只有子弹出膛的声音。但那天，有心急的人预先为陶

陶璐娜参加电视节目录制

璐娜鼓掌。那一刻，陶璐娜平静的内心又起了波澜。冠军近在眼前，"我一股热血涌了上来"，陶璐娜那时候这样说。按照正常情况，只要没有失误，金牌应该是陶璐娜的。但射击比赛没有失误，这是多么高的要求！许海峰和队医把陶璐娜带进休息室调整，"期望值不要太高"，许海峰在为陶璐娜减压。而陶璐娜脑海中，则一遍又一遍地回想刘淑慧老师的讲课内容。

2000年悉尼奥运会已经过去了20多年，陶璐娜人到中年，已经是一位成功的体育管理者。回顾自己的运动生涯，她有种云淡风轻的坦然。十几年的运动员生活，一枚沉甸甸的奥运金牌，由此带来的名与利，陶璐娜自然知道一切意味着什么。"奥运精神"，她一再强调这一点。成为奥运冠军以后，她也遭受过挫折，但她已经知道如何面对这一切，因为她深深知道，获得金牌只是一瞬间，而追求金牌的过程，是永恒的。

赛场上的陶璐娜是沉稳冷静的，赛场外的她又是活泼好动的。她不想一辈子只干一件事，她很愿意接受新的挑战，她在自行车击剑中心做过副主任，又从事过青少年培养工作，在射击运动中心担任管理岗位，又回到自行车击剑中心……未来又会怎样？陶璐娜没有想太多。

"我曾经是一名优秀运动员，我知道运动员在想什么。"陶璐娜想用自己的经历告诉现在的年轻人：不要浪费自己的青春，吃了那么多苦，要对得起自己的汗水。

"专注，沉稳，让你不害怕失败。"说这番话的时候，陶璐娜眼神中充满了坚定。

吴敏霞：一颗冠军的心

2016年8月8日，吴敏霞和施廷懋在里约奥运会女子双人跳水三米板决赛中，以345.60分力压群芳，获得金牌。这也是31岁的上海姑娘吴敏霞在参加的四届奥运会上的第五枚金牌、第七枚奖牌，超越伏明霞和郭晶晶，成为无可争议的中国跳水"第一人"。同时她也成为获得奥运金牌最多的中国女运动员。曾几何时，这位来自上海徐汇区的小姑娘被认为"不具备跳水天赋"，好几次面临重大抉择。在20年的跳水生涯中，她多次受伤，一度被人称为"玻璃美人"。然而功夫不负有心人，吴敏霞非但收获了成功，而且开创了一个属于自己的时代。

吴敏霞于1985年出生于上海一个普通的工人家庭，父亲吴钰明做电器生意，母亲诸金妹是企业职工。6岁那年，体校教练去吴敏霞所在的幼儿园挑苗子，在100多个孩子中相中了她。测试是有一定强度的，别人会哭，会打退堂鼓，只有这个孩子，虽然身体很小，却有着超出常人的耐力和柔韧性。跳水和舞蹈教练都看中了吴敏霞，父母选择了跳水，有什么特别的原因呢？没有。只是跳水训练场离家近，不用花费时间接送。吴敏霞父母为她选择了跳水运动，就是出于这么一个最朴素、最家常的理由。

吴敏霞

日复一日，年复一年，待到入选国家队时，吴敏霞已经在跳水池边训练了差不多10年。其中甘苦，只有她自己清楚。她或许不是那种身体条件突出的天才型选手，但她用自己的勤勉与忍耐面对所有的挑战。伤，病，这些运动员不得不面对的困难，难倒过多少天才运动员。但吴敏霞熬了过来，连父母都不敢相信她能有这样的毅力，从来不缺席一堂训练课，从来不放过一个技术动作的练习……

去北京报到那天，吴敏霞的髋关节受了伤，她打着封闭针上了飞机。但在国家队的道路并不平坦，中国跳水队群英荟萃，她并不突出。2000年悉尼奥运会是一次重要机遇，跳水队没有选她。对于运动生涯非常短暂的跳水运动，尤其是女子项目来说，错过一次奥运会是很难弥补的损失。继奥运落选后，吴敏霞又经历了第二次挫折：第九届全运会前身受重伤。接连的打击落在小姑娘身上，换了别人，或许早就放弃，但吴敏霞的特点就是耐力和坚持。她始终相信水滴石穿，自己的机会一定会到来。

果然，属于吴敏霞的时刻终于还是来了。她和郭晶晶合作，获得2001年世锦赛女子三米板双人冠军，接下来的世界杯、亚运会又是连获佳绩，终于在2004年雅典奥运会获得金牌，吴敏霞本人还获得个人赛银牌。

连续四届奥运会，吴敏霞获得五枚金牌，其中有四枚是双人金牌。有人说她是"郭晶晶身边的人"，或许有一定道理。但要做好那个"身边人"，绝非易事。一开始，吴敏霞从郭晶晶身上找到某种安全感，每次比赛都有个姐姐带着她，她需要做的，是尽量避免因为自己的失误拖后腿。即使被说成"千年老二"，吴敏霞也不在乎。

郭晶晶的退役把吴敏霞推上了"一姐"的位子，躲也躲不开。不是没有烦恼，不是没有压力，吴敏霞还是默默地承受。她揣摩郭晶晶是怎么做的，训练、比赛，尽量不让自己背包袱，尽量给小队员做榜样。2012年，她获得伦敦奥运会女子三米板单人金牌。这枚金牌宣告吴敏霞不再是那个"参加双人赛的冠军"，她是个全方位的冠军，无可辩驳。

伦敦奥运会之后，吴敏霞想过急流勇退。2016年对她来说有些遥远，没有中国跳水运动员突破过 30 岁这个关口。而她，单人、双人金牌都有了，已经大满贯了，还有什么动力呢？然而，团队需要她"传帮带"，她个人也无法割舍对跳水的热爱。在教练和父母的鼓励下，她重新站到跳水池边，并在 2016 年里约奥运会上，以 31 岁的"高龄"完成了"五冠王"的伟业。

三位搭档，四届奥运会，五枚金牌。回首自己的运动生涯，这位以伤病多而著称的"玻璃美人"这样总结："我觉得我真的很幸运，那么多人觉得我不适合当运动员，我当上了。那么多人认为我不可能出成绩，我有了成绩。那么多人认为我坚持不了多久，我却成了坚持最久的运动员。"而上海的媒体在报道吴敏霞时，用上了这样的词语：她是上海人的骄傲。

2016 年 12 月，吴敏霞正式宣布退役。她和男友的"爱情长跑"也结束了，王子和公主走进了婚姻的殿堂。退役之后的吴敏霞过着幸福的家庭生活，但她依然忙碌。她在大学学习，担任共青团工作，2017 年光荣地当选党的十九大代表，吴敏霞说"我站上了人生的新跳板"。

人们发现，以往内向的吴敏霞变得开朗了，以往沉默寡言的吴敏霞变得健谈了。她参加"人生赛道"的演讲，向人们讲述自己的运动经历，鼓励人们通过运动找到自身的价值。从不善言辞到能说会道，从内向害羞到落落大方，谁又知道吴敏霞在背后付出了多少努力呢？

如今吴敏霞开通了自己的短视频平台，通过自媒体宣传体育和健

吴敏霞、史美琴和少年运动员交流

身。她的视频内容丰富、形式多样，总能从生活的点滴中找到正能量，很受人们的喜爱。上线没多久，粉丝数量直上百万级，吴敏霞又成了"网红"。在她的身上，体现了上海人的品质，内敛，低调，无论从事什么工作，吴敏霞总是全力以赴、全神贯注，用自己的耐心和坚韧克服困难，一步一步地向自己的既定目标迈进。

正如当年她获得金牌时上海媒体说的：吴敏霞，是上海人的骄傲。

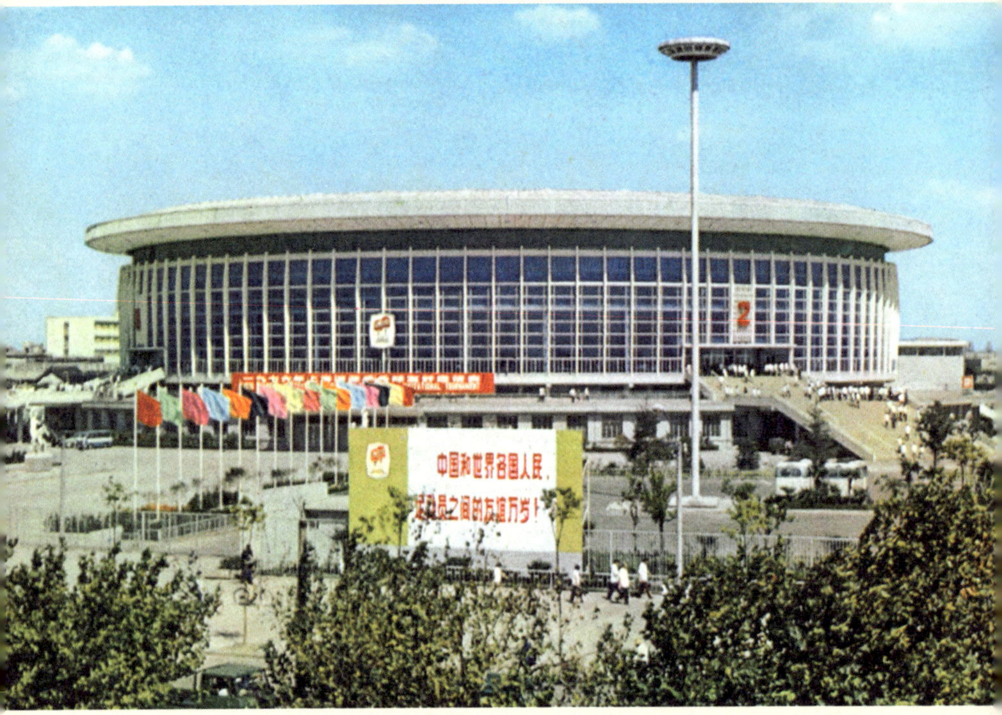
中国和世界各国人民，
员之间的友谊万岁！

体育建筑与建筑体育

江湾体育场和绿瓦大楼的变迁
百年风云沪南体育场
从靶子场到虹口足球场
"万体馆""八万人"和徐汇体育公园
到浦东足球场的"碗"里来
在母亲河的怀中划翔

江湾体育场和绿瓦大楼的变迁

"江湾体育场"的名字,承载了几代上海人的体育回忆。它曾是东亚地区最大的体育场,其中西合璧的建筑风格也令人击节赞叹。如今这座 80 多年历史的老场馆和周边的创智天地等创新创业园区融合在一起,成为上海城市的新景观。

江湾体育场的历史凝聚了上海人曾经的体育梦想。1933 年,为迎接民国第六届全运会,当时的上海市政府拨出专款,由董大酉主持设计建造"上海市运动场"。作为民国时期"大上海计划"的重要组成

江湾体育场旧影

部分，江湾体育场由运动场、体育馆和游泳池三大建筑构成，运动场由田径场及大看台组成。中央田径场长300米，东西宽175米。今天的田径200米比赛由100米弯道和100米直道组成，而江湾体育场设有200米直道，从中可以看出当时的国际田径比赛规则。游泳馆和体育馆也按照国际标准建造。

江湾体育场东、西司令台由白石筑成，高20米，左右顶部各有一座古铜色大鼎，暗通管道连接锅炉房，实际上起到了烟囱的作用。观众通过三个高8米的拱形大门进入大厅，大拱门上刻有"国家干城""我武惟扬""自强不息"三座门额。1936年出版的《上海年鉴》称江湾体育场"建筑之伟大，范围之广袤，其于体育场之地位，目下远东殆无与匹"。江湾体育场自1934年8月奠基开工，到1935年10月建成，仅用了14个月。江湾体育场建成后不久就承办了民国第六届全运会，那次赛事被认为是民国时代中国体育的一次高峰。

抗日战争全面爆发后江湾体育场遭到浩劫，战争期间被日军占领军用作军火库，遭到严重破坏。抗战胜利后又被国民党军队当作军火库，1946年7月炮弹库突然爆炸，南部大看台全部被炸毁，西司令台削去两层，大雨棚钢架炸断。1948年民国第七届全运会在此举办，国民政府草草修补了西司令台正大门等，南部大看台用芦席遮盖，这才勉强没有露馅。1949年春，江湾体育场又曾被国民党军作为辎重兵营使用。

20世纪50年代体育场逐步修复，1954年正式定名"上海市江湾体育场"，由陈毅市长题写场名，镌刻在西司令台正大门三楼上方。

今日江湾体育场

70年代后期开始，江湾体育场承接各类国际国内赛事，1983年第五届全运会的开幕式及足球决赛都在这里举行。江湾体育场还是专业运动员和青少年运动队的训练基地。上海申花队的"大本营"就曾在这里，当年徐根宝、范志毅、成耀东等在江湾训练时，总能吸引大量球迷围观，主教练徐根宝著名的"前门后门两把锁"，也是在江湾基地。

2005年江湾体育场进行了为期两年的修复，运动场、体育馆和游泳池恢复了往日的神采，尤其拱门、环形长廊、花窗、宫灯、彩绘等富有年代特征的建筑元素得到保留，江湾体育场成为国内首个体育休闲公园，并有国际顶级的极限运动赛事入驻。饱经沧桑的旧建筑因为年轻人的到来而焕发出新的活力。

江湾体育场相邻上海体育学院的教学楼"绿瓦大楼"和体育结缘，其间的故事就更曲折了。

当年的江湾地区北邻新商港，南接公共租界，东近黄浦江，地势平坦，人杰地灵，国民政府有意在此规划上海新城区，打破上海公共租界和法租界对城市中心的垄断,史称"大上海计划"或"新上海计划"。1929年7月上海特别市政府第123次会议通过,以江湾乡为市中心区建设道路、市府大楼和其他公共设施。这份计划相当宏大,但因1932年淞沪抗战,工程被迫中断。1937年抗日战争全面爆发,工程全部停工。实际完成的主要工程,除了道路外,主要建筑有上海特别市政府大楼、博物馆、图书馆、体育场、医院、音专、广播电台、航空协会等。

上海特别市政府大楼是中心区核心建筑,也是所有建筑中最受重视的。它和江湾体育场一样,也由董大西先生设计。国民政府对这幢大楼的定位是"该区域之表率",要求"实用美观并重……成一庄严伟大之府第。其外观须保存中国固有建筑之形式,参以现代需要,使不失为新中国建筑物之代表"。

绿瓦大楼于1931年奠基,不料第二年就发生淞沪战争,施工被迫中断,工地建筑材料被日军掠夺一空。负责建造的朱森记营造厂损失惨重,但营造厂负责人朱月亭在爱国热情的鼓舞下坚持施工,大楼终于在1933年10月10日正式落成。其中式屋顶采用绿色琉璃瓦,因而被人们称为"绿瓦大楼"。1934年,当时的市长吴铁城率市政府及所属各局搬入新楼。1935年4月3日,市政府在绿瓦大楼举行首届集团结婚(集体婚礼),国内外众多记者前来采访,留下了战争前夕一段非常温馨的影像。

抗战全面爆发后日军占领绿瓦大楼,屋顶被炸得千疮百孔,钢筋水泥骨架成了断壁残垣。大楼东侧门楣上的石雕被日军切割下来作为

"绿瓦大楼"

战利品运回日本,大楼北侧的孙中山先生的铜像被毁。

新中国成立后,绿瓦大楼归上海市行政干部学校使用,后上海体育学院迁来江湾,绿瓦大楼成为体院的教学楼。一代又一代体院学生在这里学习成长,他们自豪地自称"绿瓦学子",绿瓦大楼也成为上海体育学院的象征,是上海体育的标志性建筑。

上海体育学院深深地热爱这幢建筑,多次对大楼进行修缮维护。如今,一座反映中国体育教育事业发展的博物馆安置在绿瓦大楼内,人们来到这里,见证上海体育事业的发展,也见证一段难能可贵的民族历史。

百年风云沪南体育场

上海足球氛围一向浓厚，但可以踢足球的场地并不多，大多数老上海人都是在弄堂里踢踢，有一定水平的才敢去人民广场。学生在学校可以玩球，但市中心的学校鲜有足球场，能在篮球场上踢踢小足球就很好了。除了人民广场，当年还有一处全民足球的圣地：方斜路的沪南体育场。"我在沪南体育场踢过球"，那是很多"弄堂球星"一生的骄傲。然而，沪南体育场及其前身"上海公共体育场"，岂止是弄堂球星驰骋的舞台而已！在风云变幻的大时代，它是民众强身健体、举办各种赛事的运动场，更是上海市民举行集会的场所，是上海重要的公共空间，在近代史上有其特殊的地位。上海公共体育场犹如一座革命的烽火台，展现了上海光荣的革命传统。

位于南市方斜路、大吉路路口的这座体育场建成于1917年，已有超过100年的历史。工程由当时上海的教育会长吴馨主持，在上海县城西门外斜桥北堍一片公墓中辟出26亩地，1915年开始建造，1917年3月30日正式建成，名为"上海公共体育场"，俗称"西门体育场"。吴馨，字畹九，号怀疚（怀久），上海著名的教育家，除了沪南体育场之外，上海市第二中学的前身务本女塾也是由他创办的。吴馨的继任者为王壮飞先生，曾执教于南通师范。王壮飞建立了上海公共体育场足球队，在当年上海足坛赫赫有名。

初建时的上海公共体育场有300米跑道，足球场、室内篮球场、排球场、网球场和健身房等设施都有。1927年7月，上海改为特别市，定名为上海第一公共体育场。当时上海虽有一些公共体育设施，但多设在租界内，有些根本就不允许中国人入内。另外租界当局出于种种考虑，禁止中国人在租界内集会。作为上海第一座坐落于华界、由中国人自己建造的公共体育场，方斜路的公共体育场不仅仅是一座体育设施，更是上海市民举行大型集会的主要场所。

1919年"五四"运动、1925年3月孙中山先生逝世、1925年"五卅"惨案……公共体育场都聚集了数万乃至10万以上的群众和学生举行大型集会。1927年3月22日，上海第三次工人武装起义后，千余团体数十万人在公共体育场举行庆祝大会。4月10日上午，南市工会联合会在公共体育场召开追悼大会，悼念在武装起义前后牺牲的烈士。4月12日，50万群众聚集在公共体育场，抗议二十六路军收缴工人纠察队武器，要求释放被捕工人。

1931年"九一八"事变后，全国各地掀起抗日救亡热潮，上海公共体育场成为抗日救国的集会场所。1931年9月26日，800余个团体、20万人在此举行抗日救国市民大会，并发表宣言"当必泣血提戈，与日帝决一殊死战。宁为玉碎，不为瓦全"，会后举行游行。11月1日，在这里举行抗日救国大检阅和宣誓典礼，到会义勇军3000余人，誓词："严守纪律、服从命令、以忠勇诚毅之精神，从事抗日救国之工作，赴汤蹈火，绝不敢辞。"12月13日、16日，又在这里举行抗日集会游行。

1936年上海青年会民众歌咏会在公共体育场举行第三届会唱，刘良模等任指挥并教唱，现场5000余名听众齐声高唱《大路歌》《救中国》《打回老家去》等抗日歌曲。据记载，就连闻讯前来干涉的警察都为之动容，加入合唱之中。1937年淞沪会战爆发，公共体育场遭到轰炸，成为一片废墟。抗战胜利后重建，改名为"上海市立体育场南市分场"。

上海公共体育场的建立，结束了中国人没有自己的公共体育场的历史，中国人从事体育项目可以不必再去租界的场地，很大程度上激发了国人的爱国精神和从事体育锻炼的热情；除了促进上海体育事业的发展，更为上海市民的公共活动提供了舞台，成为上海人民表达心声的舞台。

上海解放以后，体育场由上海市教育局接管，1954年改名"沪南体育场"。从那时起人民政府不断投资，体育场成为能容纳7000名观众的灯光草坪体育场，还有田径场、健身房等。沪南体育场曾被上海市民亲切地称为"足球大世界"，它在球迷心中的地位由此可见一斑。

1950年在这里举行的首届女子体育大会是上海解放后举办的第一项赛事，1951—1952年的华东区足球、篮排球赛，市田径运动会等相继在此举行，全国甲、乙级足球联赛，全国青年足球赛和市足球等级联赛也常在此举办。中小学生、职工运动会，伤残人、聋哑人运动会

20世纪90年代初的沪南体育场

等，举办得就更多了。1953年和1956年在这里组成的上海市青年、少年足球队均获得全国冠军，张宏根、张水浩、陈山虎、成文宽四人入选国家青年队，赴匈牙利学习。80年代三破跳高世界纪录的朱建华就是在沪南体育场训练的，二破世界B3级女子跳远纪录的赵继红也在这里训练过。

原沪南体育场今貌

2003年,上海市黄浦学校借用沪南体育场北侧的一部分场地建设教学楼,沪南体育场原有的操场跑道、体育馆等设施向黄浦学校开放,同时更名为上海市沪南体育活动中心。

2021年3月11日,上海市文化和旅游局在上海革命历史博物馆举行新闻发布会,正式公布了《上海市第一批革命文物名录》,共计150处不可移动革命文物和208件/套可移动革命文物。"五四以来上海革命群众集会场所"——南市公共体育场作为"省级文物保护单位"成为150处不可移动革命文物之一,序号:5。

从靶子场到虹口足球场

喜欢足球的上海人,说起"虹口"两个字,总是津津乐道。上海球迷是有虹口情结的,它是上海足球的圣地,也是球迷每周过节的地方。上海申花队 1994 年开始把虹口足球场的前身虹口体育场作为自己的主场,很多人认为虹口和上海足球的渊源从那时候开始,那未免太小看这个场地了。虹口足球场的前身为虹口体育场,1951 年建成,是上海解放后建造的第一座规模比较大的综合性体育场,在职业化改革前,上海体育史上的无数辉煌曾在这里上演。而虹口这块区域作为体育设施的历史,则要追溯到 19 世纪末。

1895 年,工部局在北四川路底购得农田若干亩,作为万国商团的靶子场。之后在靶子场的西侧陆续购地,按照苏格兰格拉斯哥体育公园的模式开工建造,到 1909 年建成,英文名为 HongKew Recreation Groud,中文名为虹口娱乐场。该场地共有高尔夫球场一片,草地网球场、硬地网球场数十片,足球场三片,草地滚球场五片。其他还有曲棍球场、棒球场、田径场等,一应俱全。场地之间种有各种花木,根据季节的不同,呈现不同的颜色和景观。1921 年场地西北角的游泳池建成,同年整个区域被命名为虹口公园。

虹口公园按照欧洲人的生活习惯建造,最初限制中国人入内,

1909年的公园使用规定中有"中国人不得入内，但侍奉外国人的佣人例外"的字样。1911年，"衣着整齐的西装华人"被允许入园。直到1928年，公共租界纳税委员会才通过"公园开放案"，正式对中国人开放。

虹口公园的体育设施非常健全，虽然对中国人入内有种种限制，但因华界的体育设施各方面条件都不如这里，因此1905年第二届和1921年第五届远东运动会，中国还是把主赛场放在了虹口。租界地区的各类重大运动会也经常在此举行，如影响很大的万国越野跑，从1904年开始举办，每年春季举行，从虹口公园出发，沿现在东体育会路、邯郸路一线，一直跑到江湾折回。这项赛事初期只有外国侨民参加，1927年后中国也组队参赛，并在1935年和1936年两度夺得团体锦标，中国运动员王正林还获得1935年个人冠军。

说到上海解放前的虹口公园和万国越野跑，不得不提当时名闻遐迩的"白虹田径队"。这支队伍成立于1927年，队长陈虚舟，副队长周余愚。因当时中国运动员在虹口训练，经常受到日本侨民的欺负，所以想到用"白虹贯日"的成语缩写来命名，立志赶超日本。1934年白虹田径队和俄侨队在虹口公园举行了一场对抗赛，中国运动员程金冠在男子100米比赛项目中跑出10.6秒的成绩，打破了刘长春保持的全国纪录。张嘉夔跳远成绩为6.815米，也是相当不错的成绩。

虹口是日本人聚居地，1937年抗日战争全面爆发，虹口公园身处战地，首当其冲。包括万国越野赛在内，各项赛事均无法正常举行，公园部分设施被毁，到1942年万国商团解散，靶子场和公园一道成

改造前的虹口体育场

了日军的领地。抗战胜利后虹口公园曾改名中正公园，上海解放后西部建成虹口体育场，东部仍为虹口公园（后改名鲁迅公园）。

虹口体育场初建成时是木质看台，只能容纳1.8万名观众，后经历了几次重要的改建，才形成今天的规模。1951年10月20日，虹口体育场举行隆重的落成典礼，同时举行上海铁路职工第一届体育大会。体育场建成后最早是由上海市教育局管理，1954年上海市体委成立，移交体委管理。1964年将木质看台改建成能够容纳3万名观众的钢筋混凝土结构看台，增设照明设施，整个工程于1966年6月竣工。除了观众席扩容，原来四周的竹篱笆围墙改成水泥砖墙。到80年代为迎接第五届全运会，煤渣跑道改建成塑胶跑道，主席台上建了遮阳篷。

在中国足球职业化改革之前，虹口体育场已经举行过各种比赛4000多场，其中不乏重要的国际性赛事。1983年全运会上朱建华创造2.38米的男子跳高世界纪录，就是在虹口体育场。

1999年虹口体育场经过全面改造，又创造了一个"第一"——全国第一座专业足球场，并更名为虹口足球场，能容纳3.5万名观众。通过举办2007年女足世界杯，虹口足球场实施国际化改造，灯光、草皮等各项专业设施居于国际一流水平，还增设了训练场，使球场硬件设施真正达到完美。

对于上海申花队的球迷来说，虹口是他们的福地、宝地、圣地。他们无法忘记1995年甲A联赛，上海申花队在虹口获得冠军。他们更无法忘记，2008年赛季，申花队因为种种原因未将虹口作为主场而与冠军失之交臂。很多球迷至今耿耿于怀：如果那两场关键比赛能在虹口踢……可是历史只有结果，没有如果。

2020年，一场突如其来的"新冠"疫情让国内体育赛事和商业演出停摆，中超赛事由主客场赛制调整为赛会制，原来每年承办30多场球赛和演唱会的虹口足球场又独辟蹊径，首次向公众开放踢球。原

今日之虹口足球场

来只能坐在看台上看球的球迷,忽然有机会享受申花队的待遇,进入"虹口内场"踢球,第一批 18 天 36 个场次一抢而空。

相比承办职业赛事和商业演出,向公众开放球场的收入非常有限。虹口足球场的计划是筹划多元化经营,突出自身品牌,建成体育综合服务体,将体育元素融入人们的生活,让这个 100 多年来陪伴上海人的体育场地、上海解放后建成的第一座大型综合体育场真正焕发出新的生机。

"万体馆""八万人"和徐汇体育公园

世界上著名的体育城市都有自己的标志性体育场馆,伦敦有温布利,巴黎有法兰西大球场,慕尼黑有安联球场,马德里有伯纳乌,北京有鸟巢和工体,上海则有"万体馆"和"八万人",它们正式的名称分别是:上海体育馆和上海体育场。一座在室内,一座在室外。看名字就知道,这两座体育场馆以上海城市名字命名,是上海的标志。

上海最早的体育馆建成于1929年,位于陕西南路(原亚尔培路)139号,正式名称是"中央运动场",英文名为Auditorium,中国人俗称其为"回力球场"。中央运动场是外国人进行体育赌博的场所,球场内有华丽的餐厅、精致的酒吧,当然还有为赌客服务的相应设施。抗战胜利后改称上海市立体育馆,成为当时上海篮球比赛的主要场地。1949年5月,上海解放后由人民政府接管,改名上海市体育馆。也就是说原来的上海市体育馆,是在陕西南路的。这座体育馆是为举办回力球比赛而兴建的,因此灯光标准相当高,容纳观众数量虽然只有3000人左右,但看台座位全部是弹簧皮面的靠背椅,还是上海最早拥有冷气设备的体育馆。谢晋导演的经典电影《女篮五号》就是在这里取景的,50年代以后,陈镜开、陈伟强、吴数德等人在此四次打破举重世界纪录,此地被誉为"举重破世界纪录的宝地"。1975年因漕溪北路上海体育馆建成,陕西南路的上海市体育馆改名卢湾体育馆,90年代拆除改建为商城。

说起位于徐家汇的上海体育馆,建造过程颇为曲折。早在1959年第一届全运会前夕,上海市体委就提出建造万人体育馆的申请,同年获准,上海市民用建筑设计院承担设计任务,地址和设计方案都审定完毕,1960年3月1日动工兴建。但当时国家正处于困难时期,完成了练习馆打桩任务后,工程就不得不下马了。这一下马,就是十二年。

1972年上海市体委提出重建"万人体育馆"的报告,国务院总理周恩来亲自批示:"同意。由计委拨给专用材料,限期完成,设计到现场去,北京长处要学,短处要去掉,并且还要批判地吸收外国的先进经验,并努力超过。"1973年春,停滞了13年的体育馆工程重新开工,于1975年9月建成,命名为上海体育馆。因容纳观众数量达1.8万人,因此被上海人亲切地称为"万人体育馆",简称"万体馆"。在上海,你问"上海体育

1973年施工中的上海体育馆

馆"或许有人不知道，问"万体馆"，几乎无人不知。

上海体育馆在设计中采用了新结构、新材料、新设备，在当时的历史条件下，完成了多项技术革新，如高塔式新光源卤素灯广场照明、电动活动看台、电动翻板式篮球架、彩色吸热玻璃等，所有材料和设备均由国内自己设计生产，充分体现了"独立自主、自力更生"的精神，自然成为上海人的骄傲。体育馆建成后，凡在上海举行的重大国内、国际赛事，大都在此举行。1975年8月上海体育馆首次举行体育表演，之后不断举办无数次大赛，"万体馆"成为上海的标志。

上海体育馆选址在漕溪北路附近是很有远见的，这个地方符合"地区适中，交通、集散方便，与居民区有一定间距，减少噪声，结合城市发展远景，保留扩建余地"等选址原则。尽管工程中断了十几年，但投入使用后的上海体育馆，是当时全国规模最大的现代化综合性体育馆。1979年新中国成立三十周年，上海体育馆被评为上海的伟大建筑成就之一。1983年第五届全运会闭幕式及部分赛事在此举行，1984年上海体育馆承办第十届亚洲女子篮球锦标赛，这是新中国成立以后首次举办洲际体育锦标赛。有这么多的"第一"，上海体育馆自然成为上海人心目中的体育圣地。后来，上海体育馆又变身"上海大舞台"，承办各类演出的同时，依然有众多赛事在此举行，人们还是亲切地叫它"万体馆"。

1997年，上海举办第八届全运会，同年在上海体育馆附近建成

20 世纪 90 年代的上海体育馆

上海体育场

了上海体育场。这座体育场因可同时容纳 8 万人进场而被称为"八万人"。上海体育场规模大，而且设备先进、造型美观，马鞍形屋面气势磅礴，夜晚亮灯后晶莹剔透，让人叹为观止。上海体育场、上海体育馆及另一座可以容纳 4000 名观众的上海游泳馆（1983 年建成）三足鼎立，规模雄伟，共同组成了徐家汇一带独特的体育风景。1998 年上海体育场被评为"上海市最佳体育建筑"，1999 年又荣获"新中国五十周年上海十大经典建筑金奖"。2008 年上海体育场成为北京奥运会足球赛上海分赛场比赛场馆。

随着城市功能的升级，以"万体馆"和"八万人"为中心，全新的徐家汇体育公园呼之欲出。围绕上海建设"国际赛事之都"的总体目标，徐家汇体育公园通过场馆功能升级和户外环境改造，建设成为

"体育氛围浓厚、赛事举办一流、群众体育活跃、绿化空间宜人"的市级公共体育活动集聚区。"万体馆"极具特色的建筑立面保留原有风貌,通过改扩建提升功能,满足乒乓球、羽毛球、篮球、排球、斯诺克等赛事要求,创造条件引进拳击、自由搏击、电子竞技等娱乐性、观赏性强的新兴体育赛事。上海体育场作为一座能够承办综合性运动会的体育场,进一步提高利用率,培育引进足球、橄榄球、棒球、攀岩、壁球等其他顶级赛事。

未来的徐家汇体育公园

重新规划的徐家汇体育公园成为开放的城市空间,有户外运动设施、休闲绿地,又有串联几个大型体育场馆的轴线,市民参与体育活动也有各种形式,成为体育赋能的核心地标。"徐家汇"的名字,在上海的版图上始终和"体育"联系在一起。

到浦东足球场的"碗"里来

2020年10月31日晚,由全球22支顶尖英雄联盟战队共同参与的2020年全球总决赛,在刚刚建成的浦东足球场举行,一时引来全球关注。来自中国LPL赛区的SN俱乐部和来自韩国LCK赛区的DWG俱乐部之间,究竟谁能问鼎总冠军?数以千万计的粉丝通过各大直播平台,和赛场内的观众一同关注最终悬念的揭晓。现场观摩的6000多名粉丝,系通过摇号抽取,全部需要凭借实名登记的有效身份证件,在场馆进行人脸核身验证,并在符合现场防疫需求后,方可进入现场观赏总决赛。浦东足球场,这座全新的运动场,未来中超上海海港队的新主场,以及2023年亚足联亚洲杯的赛场,终于揭开了它神秘的面纱。

浦东足球场因其独特的外形而被上海人昵称为"白玉碗"。国内符合国际足联标准的足球场有很多,但这是首个在设计时就按照国际足联标准设计的足球场。浦东足球场坐落于浦东锦绣东路南侧、金滇路西侧的张家浜楔形绿地,总建筑面积近14万平方米。

"白玉碗"的昵称并非官方指定,而是由1000多名球迷经过三天的投票决定的,在"白玉碗""浦公鹰""白贝壳""金湘玉""上海方舟"等候选项中,"白玉碗"以68%的选票独占鳌头,成为浦东足球

"白玉碗"浦东足球场

场的正式昵称。之所以有"白玉碗"的外号，从摄影记者空中俯瞰的镜头就一目了然，球场外立面、屋面幕墙浑然一体，观众看台的背面被光滑的白色金属材料包裹，显示出白瓷般的光滑圆润，仿佛一只放置在绿色丝绒上的白瓷碗，轮辐式张拉锁网组合的金属屋面，完全体现了东方美学沉静、精致的神韵。

所谓"按照国际足联标准设计"，完全是从观赛的需求出发。主题场馆内部是一片红色座椅的海洋，红色是上海海港队的标志色。座位数33765个。球场在建筑技术上创造了多项第一：国内首个使用轮辐式张拉锁网体系+212米钢结构屋盖跨度；国内首创地上钢结构看台、预制看台板体系；国内首个开放内场作为容纳观众进行安全疏散的专业足球场。

球场主体屋盖由46个径向"大梁"承托，通过设计者的巧思，球场内没有一根柱子,每个观众都能无遮挡地观看比赛。为满足国际足联和亚足联对专业足球场的技术标准和要求,场馆依靠下沉比赛场地,抬高地下空间来提升疏散效果。场馆采用"矩形导圆角"双层看台布局,平台层面向球场完全开放,观众视线开阔。第一排观众座席距离球场仅10米,加上考虑到声学效果的创新设计,在这个球场看比赛会有"身临其境"的感觉。

作为专业的足球场,草皮是球迷关注的焦点。有些赛场徒有漂亮的外表,最核心的草皮却像"菜地"一样,成为球迷吐槽的对象。浦东足球场的草皮施工设计方案对标国际最先进的比赛场地标准,充分考虑上海潮湿闷热和多雨的气候特征,以及中超、亚冠及国际赛事密集的特性,进行了精心设计。浦东足球场采用天然草,辅助草坪根部加固系统,加装根部通风排水系统,改善土壤微环境,帮助草坪生长,满足全天候高密度比赛赛程。施工过程中,先对场芯泥土进行蓬松、打碎、平整、压实等作业,覆土结束并压实达标后再进行草皮敷设,在覆土和草皮之间,有隔离层、碎石层、介质层、下沙层、上沙层,共五层结构,其中位于最表面的上沙层内含有草炭灰、硅土和复合肥,保证最上层草皮的生长质量。

在施工过程中,俱乐部曾专门邀请球迷代表共同参与讨论,尽量提升观赛体验。在座椅招标和制作时,考虑到观赛的舒适性和坚固程度,甚至连球队一旦进球,有激动的球迷站到座椅上这样的细节都考虑到了。浦东足球场座椅的承重达到200公斤,只要不是特殊体型的球迷,是足够应付了。

浦东足球场于2018年4月正式开工，完美体现了"上海速度"。虽建设存在施工场地面积小、环境保护要求高、施工交叉面多等困难，尤其是2020年遭遇突如其来的"新冠"疫情，但一切困难均没有影响其工程的正常推进。3月10日浦东足球场项目正式复工，此前已经做好充足准备，对疫情防控工作进行了全方位部署，按照最严格的标准进行操作，完成了"无疫情工程建设"的目标。

2020年10月31日，观看英雄联盟全球总决赛的观众，率先体验了这座国内最新、最先进的足球场。在建设过程中，工程技术人员将BIM技术、无人机实景扫描、AR增强现实技术、智慧工地等先进技术与现代化的设计风格融为一体，场馆内部配备了专业电竞配套设施，使之成为标志性的电竞赛事场馆。

足球场安装了600多副全向和定向天线，实现了5G和4G信号的全覆盖。在场馆的室外，全球总决赛主办方还为来到现场观赛的粉丝提供了互动区域，到达现场的粉丝完全可以感受到线下比赛的氛围。

2021年2月1日，上海海港足球俱乐部在浦东足球场为新教练克罗地亚人伊万·莱科举行了新帅见面会，浦东足球场的新闻发布厅也在球迷面前全新亮相。这座发布厅位于球场地下一层，总面积为320平方米，可以同时容纳250人。发布厅与地下停车场经通道直角相连，各种摄影器材和宣传物料可以第一时间直达发布厅，前来采访的记者大呼过瘾。

上海球迷亲身体验这座"属于未来"的足球场，已是指日可待。

在母亲河的怀中划翔

赛艇是最早传入上海的西方体育项目之一。1849 年，由外国侨民们自行组织的第一次划船比赛就在外滩黄浦江面举行。1860 年在苏州河边建立了划船总会，自此划船竞赛成为外国侨民经常性的体育赛事，一直延续了近百年。但 1949 年之前，从事赛艇运动的中国人几乎没有。英国人离开的时候，撂下了这样一句话："这些船留给你们，你们会用吗？"

1953 年，程骏迪 20 岁。划船？他只见过民间的传统划船，赛艇？闻所未闻。但他练过游泳，喜欢体育。怀着好奇心，他和伙伴王

位于外白渡桥西侧的划船总会　　　　划船总会旧址今貌

炳耀勇敢地把英国人留下来的船艇开上了黄浦江。在不断摸索中，他逐渐掌握了驾驭"洋船"的本领。夕阳西下，在"母亲河"黄浦江的波涛中，总有一叶小舟劈波斩浪。

程骏迪是属于赛艇运动的，他有天赋，又善于动脑筋。仅仅练了三年，程骏迪已经具备了优秀运动员的能力。1956年11月，在杭州西湖举行的全国第一次四城市划船表演赛上，程骏迪代表上海队夺得第一个项目——男子单人双桨的第一名，这也是中国赛艇历史上第一个冠军，他创造的9分49秒的成绩，也是中国赛艇的第一个全国纪录。而这仅仅是开始。

1957年到1959年，程骏迪在三次全国比赛中三次蝉联冠军。1959年首届全运会，上海赛艇队一举夺得全部8个男女项目中的5枚金牌。第三届全运会，他带领刚组队不久的年轻女队员获得2枚金牌。4年后的第四届全运会，他和其他教练合作，摘得5枚金牌。到1983年在上海举行的第五届全运会，他和陈士麟合作，在男女14个单项中收获10项冠军。

1984年，程骏迪作为教练率领年轻的中国赛艇队首次在洛杉矶奥运会亮相，取得突破性的"1"分。"在国际赛场上和外国人较量较量"，从1953年他把外国人留下的船艇推下黄浦江起，他就暗自立下了这样的雄心，31年后，他在洛杉矶实现了自己曾经的理想。

程骏迪是多么深爱着自己的赛艇运动！1983年，正带领上海女队备战第五届全运会的程骏迪，收到了妻子病危的加急电报。待他急急赶回家，妻子已经告别了人世。"我连哭的时间都没有，"程骏迪带着两个未成年的孩子回到了训练基地,"这是对我九泉之下的妻子最好的安慰!"

程骏迪是多么深爱着自己的赛艇运动!在史无前例的年代,他被下放到造船厂当工人,上海的赛艇运动也暂时地"搁浅"了。然而程骏迪没有放弃赛艇,他依然在苦练,依然在等待属于自己的机会。到1975年,为迎接第三届全运会,他又重新回到自己的赛艇队,重新回到了他的队员们身边。

程骏迪是多么深爱着自己的赛艇运动! 1986年,程骏迪调到上海体育科研所担任领导工作,他还是痴心不改,认真总结自己30多年来训练、比赛的经验,以科研人员的身份,查阅各种资料,研究赛艇、皮划艇、帆船、帆板等项目的课题,撰写科研报告和论文,提供给运动队作为参考。退休以后,他又担任了上海市体育局专家组成员和高级职称评委,被上海水上运动场特邀为"督导"。

"我的生命就是一条赛艇,永远要在风浪中百舸争流。"这是程骏迪的豪言,他也用自己的一生践行了这句话。

如今的程骏迪,已到耄耋之年。他的皮肤黑了,头发白了。但他背不驼、腰不弯,说话依然中气十足,还

程骏迪教练

像个20岁的小伙子。他搬到了离市区很远的地方,只是偶尔,才坐地铁来到南京西路体育局、山东路黄浦体育馆、南苏州路划船总会……这些曾经留下他足迹的地方看一看。

时光如水,一转眼当年上海赛艇的掌舵人李建新也到了退休的年龄。如果说程骏迪的赛艇人生受到很多他自己无法控制的状况左右,那么李建新似乎是为赛艇而生的。

李建新出生于体育世家,从小活泼好动,运动生涯起源于游泳,一开始就和水有缘,这也为他数十年的赛艇运动生涯打下了很好的身体基础。李建新尝试过田径、自行车等项目,最终选择了赛艇,或许是赛艇选择了他。不是有那么句话?兴趣是最好的老师。接触赛艇以后,李建新把爱好变成了职业,并且获得了不俗的成绩。

中国赛艇队队员、7枚亚运会金牌得主、前国家赛艇队主教练、

李建新

中国赛艇协会副主席，这是李建新的简历。实实在在，每一项都是努力的结果。

谈到赛艇运动，人们脑海中浮现出总是高大健硕的运动员形象，身高至少在1.9米以上。李建新却不是这样的体型，他瘦削精干，在一群赛艇运动员中显得非常另类。奇怪吗？但正是李建新这样一个人，才是整个团队的大脑，也是中国队夺取7枚亚运会金牌的"关键先生"。

把握前进方向、保持头脑冷静、指挥全队合作、执行比赛战术、灵活应对赛况……谈起赛艇运动的规律，李建新如数家珍。这个全队最瘦小的队员蕴藏着最大的能量。无论是运动员时期的李建新，还是教练员时期的李建新，他担负着这些压力，数十年如一日。

岁月如梭，当年的年轻人"阿新"到了退休的年龄，但他退而不休。离开赛场后，李建新依然致力于发展中国赛艇运动。扎根上海，结合上海的地理位置和城市特色，李建新对"赛艇运动迎合城市发展"以及"城市发展带动体育进步"都有自己的见解。李建新一直在思考，上海有黄浦江和苏州河，近年来水质越来越好，能不能和国际上那些赛艇项目发展得好的国家一样，在我们的母亲河上举办大型赛事？或许，这样的时刻很快就会到来。

一艘艇、一江碧水、一座城、几代人的奋斗。

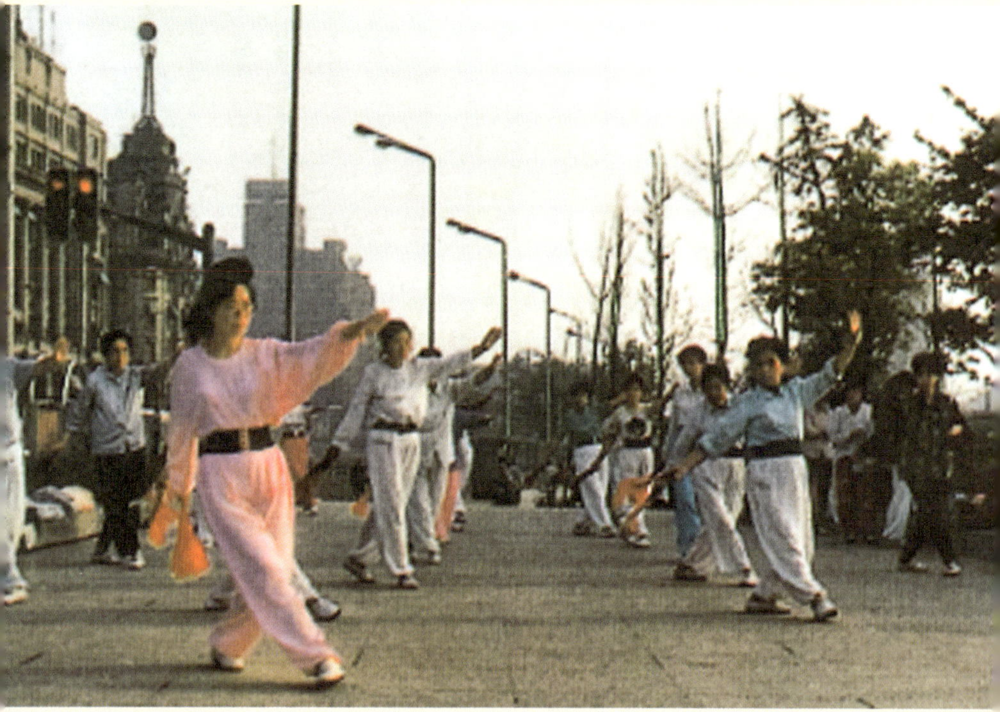

螺蛳壳里做道场

"石库门"里出来的棋王
如火如荼的业余足球
弄堂小学办体育
"现在开始做广播体操"
小小银球转动世界
运动鞋服新时尚

"石库门"里出来的棋王

和上海绝大多数弄堂相比,位于上海黄浦区马当路306弄的普庆里显得干净、整洁。这条1925年建成的弄堂,已经走过了近百年的漫长岁月。在这里发生过太多故事,走过太多来来往往的人。普庆里建成后不久的日子里,4号搬来几个韩国人,他们在这里策划了不少惊天动地的事情,后来才知道,大韩民国临时政府就在此地。来上海旅游的韩国人,大多要来普庆里。如今,马当路旧貌换新颜,很多旧里弄改造了,唯独普庆里这一带不会动,因为这条弄堂是韩国人心中的圣地。

和弄堂口的4号相比,弄堂深处的普庆里27号显得有些寂寞。在这幢普通得不能再普通的石库门房子里,曾有一位老人住了几十年。他以长寿闻名,更以精湛的棋艺和高超的棋德为人敬仰,他就是象棋的"百岁棋王"谢侠逊。

谢侠逊(1888—1987)是浙江温州平阳人,4岁学棋,早在1918年就获得当时的全国象棋冠军,被称为"中国棋王"。他从4岁下到100岁,最了不起的是抗战期间赴南洋诸国,以象棋宣传抗战,动员大量华侨青年回国投身抗战。1939年,谢侠逊在重庆和周恩来对弈三局,全都是和棋,寓意停止内战,其中第二局残局命名为"共抒国难"，刊登在重庆《大公报》上，由此奠定了谢侠逊的江湖地位。

谢侠逊常年居住在普庆里 27 号。谢老下了一辈子棋，到晚年毕竟年事已高，有时和实力强劲的业余棋手下交流棋，对方来势汹汹，用上海话说"五斤狠六斤"，老先生有时也会"吃不消"。但老棋王功架永远在，不管对面坐的是胡荣华，还是马当路一个喜欢下棋的普通小伙子，老先生必定让对方一只马，输赢另说。这叫"到了马当路，放侬一只马"。

普庆里 27 号谢侠逊旧居的格局相当独特。绝大多数房子的前门是坐北朝南的，27 号的大门却是坐西朝东。房子为什么这样设计，不得而知。或许是棋王的独到之秘吧。谢侠逊旧居边上有道铁门，通淡

"百岁棋王"谢侠逊

水路。和大多数老人一样，谢侠逊有早睡早起的习惯，每天黎明即起，用冷水洗脸、擦头，然后喝一杯清茶清理肠胃，就从通淡水路的铁门穿出去，到复兴公园晨练。

或许有人认为在整个华人世界都名闻遐迩的棋王应该居住在更为舒适的环境里，但每个到普庆里27号拜访过的人都会注意到这间房子其实不到20平方米，光线暗淡、环境嘈杂。但就在这样的环境里，老人以90多岁的高龄写下了30万字的《象棋指要》。

老卢湾是藏龙卧虎之地，谢侠逊是浙江人，因缘际会来到这里。而中国象棋的一代宗师、人称"胡司令"的胡荣华，则是土生土长的卢湾弄堂出身，来自一头通吉安路、一头通肇周路的志成坊。

若干年后胡荣华接受记者采访，谈起早年的生活，他自己回忆，当时父亲身体不好，在家病休，冬天很冷，为了取暖，就在家里的客堂间摆了盘象棋，就这样和父亲下着下着，小小的吉安路不够他下了，他又到肇嘉浜路靠近打浦桥的地方拜师学艺。直到后来，胡荣华由象棋神童而成为一代象棋宗师，源头就在他的老家——志成坊24号。

弄堂孩子胡荣华曾经的梦想只是和自己的偶像杨官璘"下一盘"，怀着这样的梦想，他从吉安路起步，十四五岁就成了全国冠军，很快实现了和杨官璘"下一盘"的梦想，还赢了自己的偶像。从"神童"下成"胡司令"，从最年轻下到最年长，胡荣华是年龄跨度最大的全国冠军。回顾自己的象棋人生，他的总结是两个字：快乐。只要摸到棋子他就很快乐。胡荣华说或许有人天赋比他高，也有人出道比他更

"胡司令"胡荣华

早，但没有人像他那样，那么多年保持在最高水准，因为很多人把下棋当作挑战、负担，而胡荣华，只有快乐。

小时候沉迷棋局，妈妈说："下棋还能当饭吃？"胡荣华果然凭借自己的努力，吃上了下棋这碗饭，而且成为象棋历史上前无古人，后难有来者的传奇。对自己的历史定位，胡荣华并未考虑太多。他更喜欢思考棋本身，让他最开心的是下出别人没有想过的棋，探索前人没有看到过的变化。

难免有年轻人来讨教，胡荣华并不勉强。他希望更多人喜欢象棋、投身象棋，但他还希望年轻人是因为快乐而下棋。他说："世界那么大，如果你不喜欢下棋，有很多值得你喜欢、可以给你带来快乐的事情。"对人们恭维他"天才"，他笑称，也许是有点天赋，无非三大要素：计算能力、记忆力和想象力。但这些只是作为一名棋手的基本素养，胡荣华最看重的，还是快乐下棋的心态。

或许是因为这份快乐，他失去过冠军的头衔，却从未失去冠军的水准。他走下了神坛，也重返过巅峰。他15岁成为全国冠军，55岁再次封王。在他的心中，象棋是具有中国特色的项目，不仅仅在于棋子上刻的是汉字，更在于棋道中蕴含的中国文化。

谢侠逊和胡荣华，两代棋王都出自石库门弄堂，或许是偶然，也或许是某种必然。在他们身上，都能看到上海人乐天知命、快意人生的一面。下棋让他们自己快乐，他们下的棋，让更多人从棋中感受到快乐。

如火如荼的业余足球

上海人历来爱足球，业余足球赛一向轰轰烈烈。

上海是产业工人最集中的城市，民国时代就打下工人足球的基础。解放初期上海曾有8支甲级球队，其中铁路队（三星）、龙头队（国棉十七厂）、中航队（民航）都是来自行业系统的球队。

上海解放后几乎所有的工厂都有足球队，尤其像大隆机器厂、国棉十二厂、国棉十七厂、中国纺织机械厂、江南造船厂等大型企业。1951年10月，上海市总工会在14个产业工会以及少数其他工会的运动员中选拔出两支球队：上海工人红队和黄队。同年，上海工人队成立。1956年第一届全国足球锦标赛在青岛举行，上海工人队一举夺得冠军。

上海工人队在1960年到1965年期间参加了全国足球甲级联赛，1963年获得最好成绩第六名。1965年上海工人队移交上海市体委领导管理，部分队员编制转到体委成了专业运动员，另一部分队员回到工厂，依然做工，只是还有一个身份：工人球星。

职工足球开展得如此热烈，自然诞生了一些业余球星，其中不乏在各行各业做出杰出贡献的名人，也在业余赛场小试身手。踢球、工作两方面都有很高成就的，非中国著名的血管外科专家、原上海第六

20世纪80年代在人民广场踢小足球的上海市民

人民医院外科主任钱允庆教授莫属。1963年上海进行了世界上第一例断手再植手术,钱允庆是创始人之一。钱允庆热爱足球,解放前上中学时就已是上海滩很有名气的球星。1951年10月新中国第一支上海足球队名单中,有钱允庆的名字。1952年和1953年他曾担任华东地区足球联队的队长,1956年随上海队出访柬埔寨。后来他长期活跃在业余赛场,进入90年代后依然是宝刀不老,在元老足球赛场上常能看到他的身影。

知识分子爱踢球,演员也不遑多让。苏州评弹两位开宗立派的大师级艺术家薛筱卿、蒋月泉年轻时都曾在光裕足球队效力。光裕队由评弹艺人蒋如亭于1935年创建，队名来自评弹艺人的组织光裕社，"光裕"二字是"光前裕后"之意。有一次沪剧界和评弹界进行友谊赛，光裕队由杨振言、蒋月泉、邢瑞庭为前锋，后卫是薛筱卿和他的徒弟陈文卿，门将是说《西厢记》的杨振雄。杨振言在一次采访中回忆那场比赛："筱卿先生身上穿着球衣，结实的身材，圆兜兜紫糖色的面孔，站立在阳光下球门前，真似一头勇猛无比的雄狮。当对方进攻时，他往来奔跑，抢救截球，奋不顾身，后卫固若金汤，为球队的得胜立下了汗马功劳。有谁想到在书坛上文质彬彬演唱《珍珠塔》的说书先生，竟是绿茵场上健步如飞的一员足球运动健将。"

20世纪50年代上海市文艺工会滑稽话剧分会举办足球联赛，规模达到21支球队。其中上海滑稽戏一代名家袁一灵先生是滑稽界的球星。袁一灵原名袁国良，他的"上海说唱"《金铃塔》堪称经典，他擅长扮演社会底层小人物，演得活龙活现。别看袁一灵身材矮小，头球技术相当不错。50年代他在滑稽演员中组织了一支球队，队员还有童双春、吴双艺等。

"老娘舅"李九松也是业余足球爱好者，据说擅长头球。据李九松的搭档王汝刚回忆，70年代李九松在虹口区糖业烟酒公司工作，组建了一支职工足球队，简称"红糖"队，四处打比赛。

根据相关资料统计，1954年上海有基层足球队2207支，队员近2万人。仅仅一年以后，球队数字达到3180支，球员超过2万人，其中 60% 是工人队。仅公交汽车一场一家企业，就成立了 31 支足球队。

1949 年以来上海群众性足球赛事层出不穷，其中规模最大、影响最广的，非"陈毅杯"莫属，有人把它称为"上海职工的世界杯"。80 年代上海业余足球迎来又一次高峰，1981 年"陈毅杯"足球赛应运而生。以新中国第一位上海市长陈毅元帅的名字命名，其重要性可见一斑。首届"陈毅杯"于 1981 年 11 月 25 日在虹口体育场开幕，时任上海市长汪道涵为比赛开球。参加"陈毅杯"的球队最多时达到 2000 多支，80 年代末参赛球队相对减少，但也保持着数百支球队的规模。根据业余足球的规律，比赛分成 7 人制和 11 人制，7 人制根据水平不同又划分为甲、乙、丙三个等级。从 1989 年起，每届"陈毅杯"优胜队都会与南京、大连、青岛、重庆、广州等球队开展职工足球互访赛。

进入 90 年代，上海面临产业大调整，很多企业转型改制，部分企业效益滑坡，养球队自然很困难。"陈毅杯"在 1995 年到 2010 年期间曾中断了 15 年。2011 年，在第十一届上海市运动会男足比赛的基础上，"陈毅杯"恢复举办，徐房集团队时隔 19 年再夺冠军，写下了一段上海足坛的佳话。2018 年，赛事正式定名为上海市足球协会"陈毅杯"赛。

如今，上海的业余足球赛依然热火朝天。入夜，忙碌了一天的公司白领脱下西装领带，换上球衣球鞋，大桥下、高架旁，建起了一片又一片业余足球场地。"派司"（pass）、"高尔"（goal）这些流传了 100

多年的足球术语，已经浸透在上海人的语言中，至今仍在业余足球的赛场响彻。每到周末，想订一片业余足球场地非常困难，绝大多数来这里踢球的人知道自己不可能成为职业球员，甚至有人发明了"养生球"这样谐谑的说法。

对他们来说，在球场上奔跑带来的愉悦，已经足够了。

弄堂小学办体育

1978年，上海评选出首批17名特级教师，这一中小学教育界的最高荣誉后来越来越为人们所了解，并成为教育界分量最重的业务模范和道德标杆。首批特级教师中包括臧慧芬、钱杭宝、吴惠娟、赵赫、沈蘅仲、于漪等众多名师，其中唯一一名体育老师，是来自当时卢湾区巨鹿路第一小学的柯元炘。

巨鹿路一小是上海老城区一所典型的弄堂小学，校址多次迁移，但乒乓球特色始终未变。1964年该校被命名为乒乓球重点学校以后，柯元炘就一直在学校任教。从这所普通的小学里，走出了陆元盛、何智丽、唐薇依、冯喆等世界冠军，至于进入过国家队、上海队、各省市队及市体校的运动员，更是数不胜数。巨鹿路一小被称为"世界冠军的摇篮"。

众所周知巨鹿路一小所在的原卢湾区人口基数并不大，能培养出那么多优秀运动员，和柯元炘的"慧眼识才"是分不开的。他每年都要定期到幼儿园选材，看重的是灵活性、协调性和爆发力等，最看重头脑和心理素质。柯老师总是问一些难以回答的问题，知难而退的小朋友未必能入他的法眼，而积极举手的小朋友，即便答案是错的，柯元炘却会多加留心。对于选材，柯元炘说："大概扫一眼，就能看出

巨鹿路一小的柯元炘老师辅导学生打乒乓球

孩子是不是打球的料,主要观察孩子的反应程度,因为灵敏是乒乓球的必备要素。"

柯元炘的爱徒陆元盛当运动员时是世界冠军,当教练时做过国家队副总教练、女队主教练,但他小的时候非常调皮,人称"人来疯"。柯元炘特别喜欢这样聪明灵活的小孩。小学三年级的陆元盛与一名高年级同学比赛,对方看他人小个矮,发了个近网短球,陆元盛见状,瞬间蹿上球台一记猛扣,正是这记扣球,让柯元炘一眼相中了这个"小陆子"。

柯元炘有句名言:"不应该浪费每一秒宝贵的时间,时而抓等于不抓。"他从教40多年,每年365天,只有年三十下午4点到年初一下午的4点是不工作的,他把自己毕生的时间都花费在了训练房里。

早上 6 点到，晚上 8 点才离开。他教出来的孩子，基本动作是最规范、最标准的。手把手地言传身教，直到练到位为止，这就是柯元炘的执教风格。

巨鹿路一小在柯元炘来之前已经是乒乓球重点学校，有一定名气，但条件很艰苦，用当时的话说，乒乓球训练靠"五块板"：菜板、门板、铺板、地板、洗衣板。所谓的"场地"，只是个 100 平方米的小天井。1979 年学校训练条件有一定的改善，进入 90 年代才在华侨的帮助下建起了训练馆。柯元炘对这些并无怨言。他并非科班出身的乒乓球教练员，虽然热爱这项运动，但没有名师的点拨，靠自己摸索，未能在赛场有所建树。当年到巨鹿路一小任教后，他有"梦想成真"的满足感，把自己未能实现的理想倾注在这所弄堂小学的孩子们身上，就这样一年，两年，十年，二十年……从青春到白发。

2017 年 10 月，柯元炘不幸因病去世，享年 74 岁。退休以后他没有离开学校，成立了自己的工作室，在乒乓球启蒙教学领域发挥自己的作用。他人生的最后一天也是在乒乓球台边度过的。作为劳模和特级教师，他有多次疗休养机会，柯老师全部放弃了。他生活中的每一天都和乒乓球相伴，他把一生所有的时间都奉献给了乒乓球。

柯元炘培养了众多世界冠军，相比之下，老卢湾另一名体育特级教师邢妙荣更注重的，是体育素质的培养。他所在的丽园路第三小学说是弄堂小学也好，菜地小学也好，教学环境非常简陋，是上海解放后在一片荒地上建起来的新学校。进校后左手边是长长一排沙滤水龙头，右手边是简陋的画廊和报廊。学校有一幢教学楼，一楼体育室堆满各种体育教具，篮球、排球、跳马、沙袋……操场有两个篮球架，其中一个固定在隔壁搪瓷厂的外墙上。另一边有个沙坑，有单杠、双杠和爬绳。全校六个年级二十几个班级一千多名学生，就在这"方寸之地"分享仅有的体育设施。就在这所弄堂小学，有一位邢妙荣老师。

邢妙荣中等身材，戴副秀郎架眼镜，看上去文质彬彬，不像人们想象的体育老师。但他说话声如洪钟，不怒自威。和柯元炘一样，邢老师特别注重因材施教，创立了一套"分组累进教学"理论，对体质

丽园路第三小学的邢妙荣老师示范起跑动作

差的学生是一套办法,对有可能出成绩的"苗子"是另一套办法,训练强度、训练方法不一样。邢老师带训方法多样,跑道长度不够,就增加单位强度,高抬腿快速跑,使小运动员在30米的长度完成100米的强度。

很多原来娇生惯养的孩子,在邢妙荣调教下成为体育小明星。这些同学并非少体校专职运动员,他们只是每天利用清晨和傍晚的时间操练,如果没有区级以上的比赛,他们甚至不进行特别训练。获得全市小学组比赛冠亚军的同学,也是学习成绩最好的。一年又一年,送走一批又一批学生,邢妙荣的学生中不乏优秀人才,但多数没有从事专业体育工作。但邢妙荣在他们的人生起跑线上写下了"意志品质"四个字,让他们受益终生。邢妙荣也从一名普通的体育老师到体育教研组长,到上海市特级教师、全国体育先进工作者,以一名体育老师的身份,成为丽三小学的校长。他书写自己人生的平台,只是一所不起眼的弄堂小学。

如今邢妙荣的学生们说起邢校长,总会说起他的一句话:"一项赛事一百个人报名,冠军只有一个,九十九个是失败的。这次你拿了冠军,下次比赛你还是从预赛打起。学习体育,就是学习挫折和失败。"

这,就是从上海弄堂小学里代代传承的体育精神。

"现在开始做广播体操"

上海的方言来源于生活,有不少生动形象的比喻。健康状况不佳的人遇到刮风下雨天就会腰酸腿疼,这样的人被称为"气象台"。这一说法来自上海天马电影制片厂1962年拍摄、谢晋导演执导的经典影片《大李小李和老李》。电影中有许多喜剧元素,电影真实反映了20世纪五六十年代上海职工体育的热潮,表演是夸张的,但时代背景是真实的。

作为中国最大的工业城市,上海早在20世纪初就出现了以职工为主的华商体育会、士商体育会、精武体育会等体育组织,开展武术、兵式体操等近代体育项目,目标是强身健体。二三十年代,乒乓球和足球开始流行。乒乓球对场地要求不高、运动量适中,是非常理想的健身项目。而足球的发展则和一些体育社团的出现有很大关系。20年代的三育、乐华,30年代的东华、华联、丽都、百乐门、进德……这些体育会的性质已经类似于足球俱乐部,吸引银钱、邮电、烟草等行业的职工参加。

以邮电业为例,1925年成立工会,组织了足球、篮球、乒乓、国术(武术)等队,邮电乒乓球队一直保持高水平,解放后还培养了多名国手。民国时代的职工体育,网球、篮球等项目主要在生活

螺蛳壳里做道场

南京路上的马路运动会

富裕的高级职工中展开，普通工人则更青睐长跑、足球、乒乓球等项目。

1949年10月1日，为庆祝中华人民共和国成立，上海的中青游泳队20名游泳运动员从浦东下水，游到外滩延安东路码头登岸，开创了上海渡江游泳的先声，之后上海多次举办大规模的横渡黄浦江的群众性活动。1952年6月10日，毛泽东主席为新中国体育工作题写了"发展体育运动，增强人民体质"12个大字。1954年3月，中央人民政府政务院颁发《关于在政府机关中开展工间操和其他体育运动的通知》，推动上海职工体育蓬勃发展。根据1958年的统计数字，当年有61万人进场参加各种体育活动，达到工人总数的一半，职工体育普遍开展广播操、生产操、太极拳等项目。

五六十年代上海出现一批体育先进单位，如中国纺织机械厂、上海肉类联合加工厂等。经典电影《大李小李和老李》的故事场景发生在肉联厂，而现实生活中的肉类联合加工厂曾被评为上海市群众体育的先进集体，出席1960年全国第二届文教群英会。

改革开放以后，随着社会经济的发展，上海人对健身项目有了新的需求。网球、桌球、桥牌、棋类、保龄球、钓鱼、游泳、自行车等项目越来越受欢迎。从事这些项目需要更高的成本，但在生活条件普遍改善的上海，这些项目已成为很多市民日常健身的"刚需"。

除了职工体育，上海里弄里的阿姨妈妈们也组织发动起来。1988年，黄浦区黄河路承兴居委会举办了一场别开生面的"妇女运动会"，

螺蛳壳里做道场　125

上海市民运动会广播体操赛

当时 38 岁的洪克敏是居委会中唯一的年轻人。为了举办第一届"弄堂运动会",她和居民集思广益,创办了举杯竞走、乒乓板运球等比赛项目。弄堂中有 60 位妇女积极报名参加,欢乐的气氛感染了整条弄堂。

到 1992 年,原来以妇女为主的弄堂运动会吸引了男性参加,经过不断创新与开发,运动项目也不断更新。上海人熟悉的"九子游戏"从承兴居委开始推广,逐渐成为国际性的健身项目。所谓"九子",即打弹子、滚圈子(俗称滚铁圈)、踢毽子、顶核子(顶橄榄核)、造房子、拉铃子(拉叉铃)、刮片子(刮香烟牌子)、掼结子(翻麻将牌)、抽陀子(抽贱骨头),原来都是上海弄堂中妇女儿童喜爱的运动。在洪克敏看来,"九子游戏"不是里弄干部拍脑袋想出来,而是居民自发开展的,因此有着很强的活力和生命力,通过一定的推广,很快受到普遍欢迎,有 60 多个国家和地区的人参与"九子游戏",还发展出"新九子游戏"。

洪克敏成为上海市人大代表后,积极为全民健身发声。在她的提议下,上海建造了"九子公园",九子运动也在全上海普及开来,有更多的青少年参与到这项运动之中。

随着上海产业的转型,在写字楼中有越来越多的"上班族"。他们一直是全民健身的薄弱人群,工作不定时、三餐不规律,加班加点是家常便饭,如何解决他们的运动难点?近年来"体育健身进楼宇"活动开展得如火如荼,成为富有上海特色的全民健身品牌。在"上班族"集中的黄浦区，借助"体育+互联网"人工智能互动技术，人们通过一块背景墙就能进行战绳、拳击、定点投球等项目，锻炼自己的力量、柔韧性和灵敏度。通过引导楼宇白领采取健康生活方式，楼宇的白领之间、企业之间、楼宇之间的体育互动，像滚雪球一般发展起来，吸引更多企业和职工参与。

上海几乎每一个居民小区中都有健身苑点，"健身去哪儿"的难题近年来已得到解决。根据上海市体育局2020年12月提供的数据，上海市各类市民健身步道（绿道）、骑行道总长1910公里，市民益智健身苑点17072个，市民球场2252片，体育健身设施实现城乡社区全覆盖。

社区体育的功能化创新和互动化体验，早就突破了传统的健身模式。在智慧健身步道上运动，可以通过人脸识别记录时长、里程、速度、卡路里等运动数据，为健身者提供运动推荐，实现了智能化服务。类型丰富、功能完善的体育健身设施服务网络将遍布申城的街头巷尾，处处可健身、人人来运动，成为"体育达人"将成为上海新的生活时尚。

每个上海人都有健康意识、锻炼能力，都能享受到专业的体育服务，或许，"气象台"的"天气预报"不再那么准确了呢。

小小银球转动世界

乒乓球是中国的国球，上海和乒乓球特别有缘。1904 年，乒乓球运动从日本传入中国，是在上海。1927 年，第一枚中国人制造的赛事级乒乓球诞生，也是在上海。上海培养了众多乒乓球世界冠军、金牌教练和杰出的体育管理者，上海还有一个从乒乓球器材起步的体育品

中国乒乓球队

牌：红双喜。

1959年，容国团在联邦德国多特蒙德举行的第二十五届世乒赛为中国获得第一个世界冠军，两年后中国将举行世乒赛。为了能用上国产器材，上海华联乒乓球厂会同上海几个工业局、十多个公司、数十家工厂和研究所的技术人员共同在上海设计生产，包括球、球台、裁判器械等，参与"会战"的人员达数千人。江西、浙江、安徽三省提供天然樟脑8吨支持研制工作，四川泸州化工厂专项生产乒乓球硝化棉45吨，上海手表厂仅有三台微型机床，调出其中的一台用于研制乒乓球。"红双喜"的诞生是全国资源的整合，也是有关单位和科研人员以及技术工人合力打造出来的。

小小银球要想在国际赛场上亮相，可没有那么容易。虽然中国早就能生产乒乓球，但总体还处于较低的水平，1958年才开始生产无缝乒乓球，还不能生产高质量的比赛用乒乓球台和球拍。当时，能生产符合国际标准的比赛用球的国家寥寥无几，要自主攻关，难度很高。当时的乒乓球是手工制作的，工人先将模具放在水里，一片片的赛璐珞用手工压成半圆，再把两个半圆合起来，一只小小的乒乓球做出来，要经过70多道工序。如果手工力量不均匀，生产出来的球就会有差异，就不能用于比赛。一年几万个球的产量，凝结了无数工人的心力。

周恩来总理下了任务，要达到国际大赛的标准，必须大量生产、走机械化道路，上海成立了乒乓球生产基地，陈德凤任筹备组组长。新球要有新的名字，1959年是中国体育腾飞的一年，容国团实现了世界冠军"零的突破"，又恰逢国庆十周年，双喜临门，就用"双喜"

这个喜庆的名字。

1961年4月5日,第二十六届世界乒乓球锦标赛在北京工人体育馆开幕。经过10天的激烈比赛,中国自主生产的红双喜乒乓球成套比赛器材经受了考验,受到世界各国运动员、教练员的认可。美联社在有关体育器材的专题报道中这样写道:"中国为比赛生产了世界上最好的乒乓球器材,发明了四面翻分牌、升降裁判椅和能发出声的乒乓球计时钟,为大会增添了光彩,给中国人带来了'喜'。"

从1959年至今,红双喜陪伴了中国几代体育人的拼搏和奉献。1966年,全民所有的上海乒乓球厂成立。20世纪七八十年代,国际乒坛发展了近台快攻、弧圈球等新技术,原来生产的"软球"不适应运动员的新打法,红双喜试制成功"硬球",适应了国际乒坛技术水平的新发展。1995年,上海乒乓球厂、乒乓球拍厂、体育器材一厂和三厂联合成立上海红双喜体育用品总厂,"红双喜"产品除了乒乓球,还包括羽毛球、举重等多种体育器材。

红双喜和中国体育同步发展。

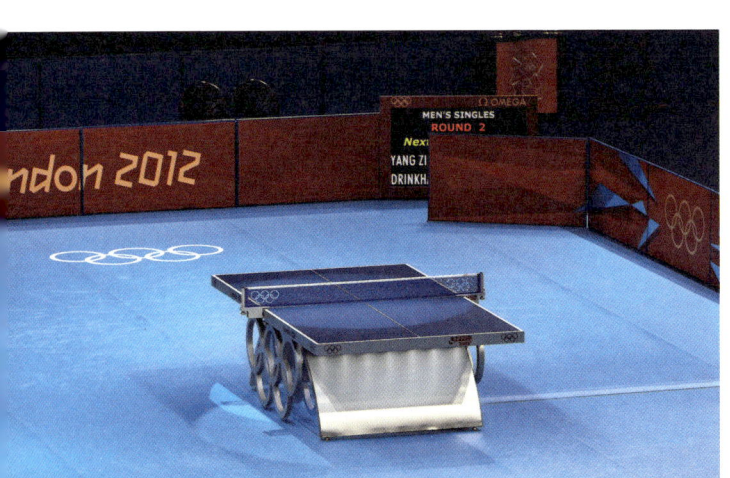

"红双喜"乒乓球台

小小银球，大大乾坤。红双喜的发展绝非一帆风顺。因为历史原因，1961 年后红双喜曾长期和国际大赛无缘，直到 2000 年悉尼奥运会，红双喜才在国际大赛上重新露面。改革开放以后，面对激烈的市场竞争，红双喜遭遇过危机。90 年代对于大多数国企来说，都是一段艰难的时间。民营经济纷纷崛起，富有经验的外资也加紧占领市场，国有企业难以独善其身，红双喜也未能幸免。当时红双喜拥有上千个产品、100 多个商标，4 个工厂 1000 余名员工，但创造的销售额仅有 5000 余万元，账面利润 27 万元，现金几近枯竭。在这种情况下，红双喜"壮士断腕"，做出"打造强势品牌"的战略决策，集中优势资源发展乒乓球。他们用市中心一家工厂车间的土地换来资金，从欧洲引进全厂第一条生产乒乓球台的现代化流水线，逐步走出困境。红双喜把这次决策称为"专业带动市场"。

红双喜善于利用赛事推广增强核心竞争力。他们为王励勤、王皓等世界冠军度身定做的"狂飙王""狂飙皓"乒乓底板和"狂飙""天极"乒乓套胶，为运动员提供了技术保障。2004 年红双喜形成乒乓球、羽毛球和举重体育器材三足鼎立的产品格局。

"红双喜"乒乓球和球拍

2000年，国际乒联特别大会和代表大会通过40毫米大球改革，当天经销商就开始拼命下单抢货源，此前冒着风险试制大球的红双喜，成了唯一一家生产大球的厂家。红双喜制订出自己的40毫米乒乓球技术标准，成为国际乒联国际标准的蓝本。红双喜花费巨资建立体育用品技术中心和研发中心，在他们看来，自主创新研发，始终是国营企业生存发展的基础，也是红双喜的基因。

进入21世纪，长期处于行业领先地位的红双喜并未故步自封。他们顺应市场潮流，开通网络销售渠道，进一步挖掘冠军IP资源，马龙、丁宁等同款装备在线上线下热卖，在全国建立试打体验店，新器材的研发也没有停止。

谈到红双喜的历史，如今的掌门人楼世和说，感谢老厂长陈德凤和黄勇武的"传帮带"，以及历代红双喜人的付出。从1974年进厂至今，楼世和见证了这个国产体育品牌的起起伏伏。和国际乒联谈判，他据理力争、寸土不让、坚持原则、绝不妥协。而为中国乒乓球队服务，他不讲条件、不问回报、不计成本、全力以赴。

楼世和说：对中国乒乓球队，我永远不说"No"。

运动鞋服新时尚

运动服装以其款式多样、柔软舒适受到上海人的追捧，很多上海人喜欢运动品牌，把运动服和运动鞋穿出了时尚感。年轻人追求时髦，限量款的名牌运动鞋价格不菲，不少人通宵在电脑前刷屏抢购，热情不亚于抢拍机动车牌照。上海生产经销运动服的历史，要追溯到清朝的宣统二年（1910年），至今已超过100年。

20世纪20年代后期，上海出现了最早的专业体育用品商店：开在南京东路的惠罗公司。美商时评洋行销售猎枪、钓鱼器具、网球拍等，福州路河南路的商务印书馆也附设进口体育用品部。在南京路的永安、先施、新新三大百货公司都设有体育用品专柜。1933年开业的华东运动器具有限公司由中华全国体育协进会总干事沈嗣良发起，黎宝骏担任兼职经理，主要经营进出口体育用品。还有天天体育用品商店，由三育体育会创办人程贻泽资助，圣约翰大学足球队的张子震经营。其他还有永丰、中国等规模不大的体育用品商店。

这么多体育用品商店中，创办最早、延续时间最长的，是南京东路上海体育用品总店，人们更熟悉它最早的名字：连长记。"连长记"全名"连长记运动器具号"，其雏形出现于1910年，创始人连宏生原来是木匠。到30年代初，连长记在北京西路开办工厂，招来木工、

20世纪90年代的上海体育用品总店商场

铜匠、裁缝等工种,生产网球、球拍、运动服装等,正式开始其"专业化"发展,生产的产品非但在上海销售,还远销南洋地区。1935年4月,在霞飞路(今淮海中路)开设"全国体育用品号",又于1942年10月在南京西路开设"三元运动器具公司"。1948年上海举办民国第七届全运会,连长记中标,成为全部场地设备及大部分比赛用品供应商,一举成为上海首屈一指的体育用品专业商店。

1956年,连长记经过公私合营改造,并入大陆、伟业、大公、全国等7家体育用品商店及渔猎商店,成为上海最大的体育用品商店。1958年,在广东路开设球衣工场,专门定制各种运动服装及各种特殊规格的运动衣裤。1967年,连长记改名上海体育用品商店,1988年又改为上海体育用品总店。名字虽然改了,"连长记"的品牌依然深入人心,很多体育爱好者仍然用"连长记"的名字来称呼它。

上海解放初期运动服装的生产种类不多,产品原料以棉纱针织品为主,款式较单调。随着上海体育事业的发展,品种、质量要求越来越高,50年代后期开始从单一棉纱针织品类发展到化纤、皮革、毛纺类原料产品,并按照专项体育训练和比赛特点进行设计。"上体""健尔美""争光"等品牌运动服可与世界名牌运动服媲美。

上海最早生产运动鞋的厂家是创办于1920年的上海运动鞋总厂,创始人为傅降临。刘长春参加1932年洛杉矶奥运会的运动鞋就是由傅降临制作的。1956年公私合营,上海多家运动鞋制作工场并入傅降临开设的傅中兴运动皮鞋店,改名为上海运动鞋厂,1979年改名上海运动鞋总厂,其产品"火炬"牌,主要供专业运动员使用。

相比之下,"回力"牌和"飞跃"牌更为流行,近年来更受到时尚青年的追捧。回力运动鞋的历史可以追溯到1927年,江苏江阴人刘永康原是杂货店伙计,他在唐山路开设了义昌橡皮制物厂,生产"八吉"牌胶鞋。1930年改组为正泰橡皮制物厂,1934年又在"正泰"后面加了"信记"二字,注册了中文名"回力"和英文名"Warrior"。

"回力"商标的诞生从今天来看,充分利用了传媒。1934年10月7日,上海《申报》刊登了一则消息:回力球鞋更名成功、商标揭晓。这则消息是头版头条,"回力"的意思是"回天之力",英文名"Warrior"对应"勇士"的涵义,回力商标用了后羿射日的典故,暗含抗日元素。20世纪30年代中国积贫积弱，正处于抗战前夕，射日、回力，很快吸引了年轻人。

1948年民国第七届全运会在上海江湾体育场举行，回力运动鞋运用飞机撒传单等方式进行广告宣传，并联络多名当时体育界、新闻界的人士为其站台，一时间回力运动鞋风头无两。那届全运会结束后，辽宁篮球队因为辽沈战役的缘故滞留上海，在体育界人士钱旭沧先生的介绍下，回力收留了那批球员，组建"回力篮球队"，后来那支球队中的不少球员成为新中国篮球运动的骨干。

1949年后经过公私合营及多次改组，回力始终是中国运动鞋界的翘楚。中国国家男子篮球队穿的"565"高帮篮球鞋是中国几代篮球人的御用装备，1979年565战靴推出低帮款，就是著名的"WB-1"，这是很多上海人小时候心心念念想要拥有却很难得到的。回力的用户

"回力"牌运动鞋　　　　　　　飞跃大博文和五星体育联名款运动鞋

还有中国乒乓球队、中国女排、中国女篮……直到20世纪80年代末，回力牌运动鞋在世界赛场上仍然是叱咤风云，1984年中国女排夺得洛杉矶奥运会金牌时，穿的就是回力鞋。

和回力牌齐名的是飞跃牌，其品牌历史可以追溯到1931年的大孚橡胶厂。公私合营后该厂成为地方国营工厂，既生产轮胎又生产解放鞋。1959年飞跃民用解放鞋年产量161.1万双，1964年被评为全国同类产品第一名。90年代飞跃牌运动鞋经历了一番波折，于1997年成立上海大博文鞋业有限公司，同年转入上海兰生股份公司名下。飞跃牌是真正的全民品牌，设计简洁、用料轻便，用现代的眼光看，符合简约设计的流行趋势。上海著名足球教练徐根宝对鞋的要求很高，生活中一双千层底布鞋，训练时一双飞跃牌运动鞋，已经成为徐根宝的标志性形象。

90年代外国品牌和国内其他省市的民营品牌大举进入上海市场，回力、飞跃运动鞋风光不再。很长一段时间内，上海生产似乎被人遗忘了。近年来，回力、飞跃牌运动鞋"出口转内销"，正在重新成为中国年轻人的时尚。

鞋子舒不舒服，只有自己知道。中国人，还是要穿中国鞋。

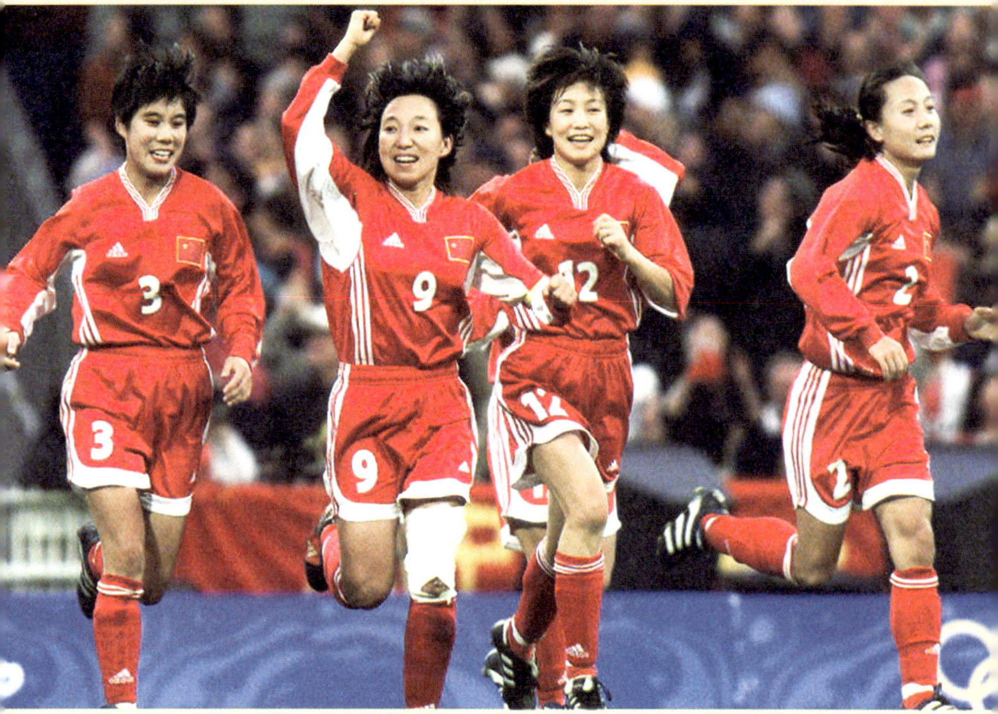
3
9
12
2

海派球星轶事

"球王"李惠堂真实水平如何?
大时代中的方纫秋和王后军
"上海男人"徐根宝和范志毅
"铿锵玫瑰"孙雯
上海男排传奇的诞生
小个子女孩的大能量

"球王"李惠堂真实水平如何?

中国足球水平提不高,球迷忧心忡忡、恨铁不成钢。有喜欢历史的球迷说了:当年民国时代,中国队横扫亚洲如卷席,亚洲球队根本不放在我们的眼里。我们有"球王"李惠堂,甚至有人在"球王"二字前面加了两个字,"世界"——"世界球王"李惠堂!

李惠堂真实实力如何?他果真当得起"世界球王"的美誉吗?因为年代久远,看过李惠堂踢球的人都已作古。但李惠堂的足球生涯主要在香港和上海度过,租界时代的历史记录非常完整,从这些记录中可以分析李惠堂的足球能力究竟如何。

李惠堂代表乐华队和东华队参加多次上海"西联会"比赛,他们迎战洋人球队"腊克斯"队、西捕队、葡萄牙水手队等,获得非常好的成绩,夺过若干次冠军。在远东运动会上,当时的中国队所向披靡,在对日本、菲律宾等球队的比赛中始终保持强势状态,10次参赛,9次夺冠。李惠堂一个人获得过4次冠军。

但要说他是"世界球王",那就是开玩笑了。当时上海租界举行的"西联会"甲组联赛顶多属于半职业性质,参赛球员除了在上海生活的外国侨民,还有巡捕房里当差的外国巡捕,要不就是外国驻军和水手,并没有职业球员。比如当年生活在虹口的犹太人,就曾组建一支足球队参加"西联会",成绩还很好。"西联会"初时只有外国人参加,后来中国人足球水平提高,也可以组队报名。李惠堂的队友有大中学生,也有工厂企业的职员,家境大多比较优裕,真正靠踢球谋生的"职业球员"很少。

在远东运动会上,中国队称霸是事实,但当时日本和菲律宾的足球也没有职业化,如果说中国队有一点优势,那也只能说我们先行了一步。

1949年以后,李惠堂去了香港,后来又到了台湾,在亚洲足坛的地位是很高的。他率领"中国台北队"获得过两届亚运会足球赛冠军。1976年,李惠堂被联邦德国一家"权威性"的足球杂志评选为"世界五大球王"之一,和他同时当选的还有巴西的贝利、德国的贝肯鲍尔、阿根廷的迪斯蒂法诺和匈牙利的普斯卡什。这也是李惠堂被国人称为"世界球王"的由来。其实那个所谓的评选并不权威,究竟是哪本杂志?又是基于什么标准?凡有资料提及,皆语焉不详。

李惠堂代表民国时期的中国队参加过两次奥运会,1936年作为运动员,1948年作为教练员。1936年奥运会足球赛采用单场淘汰制,中国队0比2负于英国队,无缘晋级下一轮。代表英国参加奥运会的,是"英国队"而不是"英格兰队",全部是业余球员,没有职业球员。0比2输给英国队,正是中国队当时水平的真实体现。

柏林奥运会结束后,中国队为了凑回国的旅费,在欧洲踢了一些商业比赛。有报道称英格兰阿森纳队看中李惠堂,故事有两个版本:一是说阿森纳队开出8000英镑的年薪邀请李惠堂加盟,但李惠堂拒绝了。另一个版本是说当时阿森纳队的主教练乔治·阿利森(George

参加1936年柏林奥运会的中国足球队（前排中为李惠堂）

Allison）非常喜欢李惠堂，但一问年龄，已经29岁，阿利森遗憾地说："如果你年轻几岁，我一定会买你。"要知道当时阿森纳队在英格兰足坛如日中天，1936年阿森纳队刚刚获得足总杯冠军，前锋线上有阿森纳历史上的伟大中锋特德·德雷克（Ted Drake）和创造阿森纳历史进球纪录的克里夫·巴斯廷（Cluff Bastin），阿森纳队对李惠堂有兴趣的可能性不大。

不过，李惠堂确实受到过国外球队的青睐，不是阿森纳，而是巴黎红星队，给李惠堂开出的条件是月薪2500法郎，一次性付给25000法郎。但因为当时球员一旦转入职业，就不可能再参加奥运会，李惠堂婉拒了红星队的邀请。他的爱国热情是值得尊敬的。

对自己的水平，李惠堂本人有清醒的认识。1936年奥运会结束回国以后，他在报纸上发表了一篇文章《世运足球的展望》（当时奥运会翻译为世运会），文中这样写道：

我国的足球，廿多年来的进程中，努力争得远东霸主的徽号，可是远东的足球程度还幼稚得很，在远东称足球霸，无异在井底做蛙王……

对自己的足球水平，李惠堂是这么说的：

还记得六七年前，在港某英陆军中友人曾对我说过，说以我的程度到英伦，去可以加入二等受薪球队。如果经过良好的训练，或有参加一等队的可能。由此以推，使我国球队人人的程度和我不分轩轾，极其量也仅够得上二等资格而已。

李惠堂的头脑很清楚，在远东可以做"球王"，但到英国，是"二等受薪"球队水平，也就是现在的第二级别联赛英冠的水平。"经过良好的训练"，有"参加一等队"的"可能"。换句话说，李惠堂真实的足球水平，换算到现在，和范志毅、孙继海等"闯荡英伦"的球员差不多。

李惠堂写过不少文章思考中国足球的未来，认为发展足球需要场地和从小孩子抓起，这都是很有见地的。他能写文章也能写诗，留下文集《球圃菜根集》和诗集《鲁卫吟草》(李惠堂字光梁，号鲁卫)。

"球王"李惠堂，是个很有意思的人呢。

大时代中的方纫秋和王后军

在老一代上海足球迷心目中，1983年第五届全运会的足球金牌可能是分量最重的。足球专业化时代，全运会冠军是最高荣誉，那次比赛又是在上海举行的，上海足球队在全运会之前并不被看好，但他们踢出了最具技术含量的比赛，实至名归地拿下了这枚沉甸甸的金牌。人们记得一代上海球星的名字，更记得他们的教练——被称为"老方"的方纫秋。

方纫秋，1929年9月11日出生于上海，名字一看就不俗，语出屈原《离骚》："扈江蓠与辟芷兮，纫秋兰以为佩。"方纫秋早年就读于晋元中学，后考入上海航务学院。学生时代他代表上海精武队参赛，队友多为大学生，包括和他同一年出生的圣约翰大学建筑系学生陈成达，后来一起成为国脚、教练、管理者……1952年，23岁的方纫秋入选中华全国体育总会筹备会足球队，也就是新中国第一支国家集训队。

1956年方纫秋入选中国奥运队，因为众所周知的原因中国队未能参加那次赫尔辛基奥运会。1957年代表中国队参加第六届世界杯预选赛，方纫秋担任主力左内锋。可惜中国队未能战胜印度尼西亚队，第一次出征世界杯没有成功。

1960年，31岁的方纫秋担任北京体院二队（即国家二队、国家青年队）教练员。那时候也没什么退役不退役的说法，身份从运动员变成教练员，一样是干足球事业。后来方纫秋执教过国家队，但那时国家队没有国际A级赛事可踢，方纫秋的国家队还参加过联赛，当然拿了冠军。其间他曾担任援助柬埔寨体育组组长，兼柬国家队主教练，还援外到非洲布隆迪任教练组长兼军队足球队主教练。

二十来岁去北京，80年代初回上海，方纫秋已经五十多岁了。"乡音无改鬓毛衰"，方纫秋这一次回来，不仅挽救了当时已降级的上海足球队，更创造了上海足球一段辉煌历史。一支三年前还是乙级队的球队，在方纫秋的手里焕发新生。全运会夺冠后方纫秋功成身退，留下一支技战术风格鲜明、各个位置都有突出运动员的完整球队，且年龄结构合理。张惠康、柳海光、李中华、秦国荣、奚志康、郑彦、王纲、鲁妙生、朱有宏、林志桦、李龙海……这套阵容班底，上海队一直沿用到90年代职业化改革之前。方纫秋为上海足球打上了属于

方纫秋和"足球皇帝"贝肯鲍尔在一起

他的烙印。

走在上海街头的方纫秋就像个普通老年人,因为长期运动留下伤病,背有点驼,腰有点佝。人们经常在街上看到他,人民广场、南京东路、徐家汇……有人向他打招呼:"老方!"方纫秋笑眯眯地回礼,也不管认不认识对方。有时方纫秋会到电视台评球,或在报纸写专栏。那时他似乎又回到了球场,眯起的双眼有了光。说话的口吻依然彬彬有礼,但谈业务,他是不客气的:"这场球教练用人有问题。"对后辈,他是严厉的。

再后来,老方从人们的视线中消失了,进了养老院,失去了几乎全部记忆。他的学生奚志康去探望他,他还像以前一样彬彬有礼,见谁都叫"同志"。但只要一提足球,他的眼里依然有光,他会喃喃自语:"奚志康,奚志康,好……"上海电视台有一档英语节目曾经采访过方纫秋,节目里他用几十年前学校里学的老派英式英语侃侃而谈,那一刻,时光仿佛凝固了……终于,2019年,老方走了。在人们欢度春节的时候,方纫秋离开了。

方纫秋不像教练,像老知识分子。他的继任者王后军看上去也不像教练,像尊菩萨。用上海话说,"福得得"的。1943年出生的王后军从小在虹口长大,年少气盛,球技了得,脚下功夫自不待言,练就一双"飞毛腿",人称"飞将军"。和后来大腹便便的形象不同,球员时代的王后军是速度见长的"快马",顺理成章地成为国脚。

然而王后军生不逢时,他的运动巅峰时期正巧遇到动乱年代,几乎没有像样的比赛可以打，一代运动员的黄金年龄就这样被蹉跎了。似水流年匆匆过，而立之年的王后军挂靴退役，走上教练岗位，辅佐老师方纫秋。第五届全运会夺冠后王后军接掌上海队教鞭，属于他的时代来到了。

王后军热爱读书，潜心钻研业务，从球员"飞将军"变成教练"小诸葛"，其间甘苦自知。1984年欧锦赛上出现了"352"阵型，也就是现在国际足坛仍在流行的"三中卫体系"的雏形。王后军通过观看比赛悟出其中道理，根据球队中拥有郑彦、王钢两名边后卫的特点，把当时世界上最先进的阵型引进上海队，大获成功。

不少球迷津津乐道八九十年代上海足球队在一系列国际交往中的出色表现，荷兰鹿特丹队、德国汉堡队等成了上海队脚下败将，对战

"小诸葛"王后军

王后军教练在赛场上

英国沃特福德等强队,上海队也不落下风。王后军注重技术和配合,对足球战术的钻研很深,但在他的年代,中国足球整体上更注重于体能和拼抢,王后军距离国家队主教练的位置只有一步之遥,但未能跨出关键一步。

90年代中国足球进入狂飙突进的职业化改革年代,上海足球也进入了新时代。当时的中国足坛,或许更需要注入一些刺激性元素,儒雅机智的传统足球人王后军,显得有些落寞。他辗转多支球队,投身青少年足球培养,还担任上海女足的顾问,热爱足球壮心不已。

2012年,王后军因病去世,年仅69岁。去世前一刻,他把家人叫过来,说了一句话:

"要把足球搞上去。"

"上海男人"徐根宝和范志毅

说起徐根宝和范志毅,人们总是想到他们的风风火火、快人快语。90年代中国足球职业化改革后,徐根宝和范志毅迅速成为这座城市新的偶像。他们和循规蹈矩、小心谨慎的上海人形象完全不同,他们给人的感觉是急躁、热烈、摧枯拉朽,是那个狂飙突进年代的完美代表。但徐根宝和范志毅骨子里都是上海人,在坚强的外表之下,他

球员时代的徐根宝

们绝不缺乏上海人的细致和精明。

静安别墅位于上海喧闹的南京西路和威海路之间，是 1932 年建成的新式里弄。红砖、钢窗。民国时代这里住过很多名人，徐根宝就在这里长大。从弄堂开始踢球，一直踢到了国家队，徐根宝的足球生涯并非一帆风顺。因身体单薄未能入选上海队，他参了军，通过努力被八一队相中，终究还是进了国家队。

如今崇明根宝足球基地宾馆一楼的荣誉室里，挂满了各种照片，这是徐根宝足球生涯的浓缩。有一张照片是徐根宝最珍视的，放在最显眼的地方，这是徐根宝一生最珍贵的回忆。1972 年，中国队和阿尔巴尼亚队进行友谊赛，徐根宝作为队长受到周总理的接见。"你们踢得很好。"周总理对徐根宝说。就这一句话，徐根宝记了一辈子。

可能是生不逢时吧，徐根宝的球员生涯没有太多机会，退役以后他和当时大多数运动员一样，当起了教练。从山西队到火车头体协，再到云南队，徐根宝一直在基层执教，慢慢地，大嗓门和火爆脾气成了他的标志。队员见到他心生畏惧，但根宝的球队，就是战斗力强。

徐根宝说过很多名言，比如"谢天谢地谢人"，比如"十年磨一剑"，又比如"不搏不精彩""横下一条心，一定要出线"……通过这些掷地有声的话，人们记住了这个铁血汉子。

淡出职业足球圈之后，徐根宝在崇明开辟出一片新天地。在方圆 70 亩的热土上，56 岁的徐根宝一头扎了进去，一晃，20 多年。

在最困难的时候，他用宾馆运营来养活训练基地，签名卖球卖书，增加一点收入。相比巨大的资金缺口，一切努力显得杯水车薪，银行贷款和利息时时噬咬着他的内心。然而他必须还是那个坚强的"徐教练"，他不能让自己变成基地的"徐总"，那些他亲手挑选出来的孩子，是他后半生的事业所在。2002年再度卸任申花主帅之后，徐根宝全心扑在了足球基地上。在他的教育信条里，首先必须"读好书，做好人"，然后才是"踢好球"。训练大纲他本人亲自制订并监督管理，半天接受文化教育、半天训练，两周放一次假。球场上，常能够听到徐根宝的大嗓门，一如他带职业队时的脾气。

终于否极泰来。从东亚俱乐部成立到冲上顶级联赛，从全运会男足三连冠到再一次出发，每一回下了领奖台之后，弟子们会做一件相同的事情：将所有金牌挂在恩师根宝的脖子上。这熟悉的一幕一次次重演。

身穿申花队球衣的范志毅

对于"休息"的祝福或劝告，徐根宝的回应永远只有两个字：谢谢。他的字典里没有"够了"这两个字。在孩子们中间，徐根宝还在用自己的方式寻找属于中国足球的球星，新的高洪波、范志毅、武磊……甚至他梦想中的贝利、马拉多纳、梅西、C罗……崇明根宝足球基地的每一天依然忙碌。

人称"范大将军"的范志毅是徐根宝弟子中相当特殊的一位。从国奥到申花，他一直是徐根宝委以重任的队长。和徐根宝不一样，范志毅1969年出生在体育之家，祖父曾喜欢篮球，后来喜欢上了足球，父亲范九林是专业球员，母亲黄炜是上海田径队队员。很多人认为范志毅的足球天赋和他父亲比，还是差了点，只是范九林生不逢时，因为家庭出身不好，最好的年龄时只是在厂队踢球。

1981年范志毅参加上海市小学生足球赛，被陈维中教练借调到虹口区少体校，之后又被抽调到闸北区彭浦小学，加入上海市少年足球集训队。范志毅的成长历程绝非一帆风顺，后来以头球见长的他，曾经最害怕顶头球，是父亲的鼓励让他克服了自己的怯懦。1982年，13岁的范志毅在一次比赛中大腿受伤，有医生诊断"骨癌"，幸亏经过瑞金医院李可医生的复诊，排除了恶性肿瘤的可能性。

范志毅14岁时第一次代表中国少年队出访日本，让父亲范九林激动万分，儿子实现了他的夙愿。后来范志毅到英国踢了几年球，这或许是命运对范九林的补偿。

对范志毅其人，足球圈内圈外不乏争议，不同的球迷有不同的

范志毅接受电视采访

看法。但他有四项成绩是别人不具备的：一、长期担任国家队队长；二、代表国家队踢过世界杯；三、踢过英甲和苏（格兰）超；四、当选过亚洲足球先生。这四项中任何一项拿出来，足以让他在上海足球乃至中国足球的历史上写下属于自己的篇章。无可否认他有缺点，如果没有这点缺点，他就不是范志毅了。或者可以说，这是很多上海人的通病：长不大，性子急，心高气傲，外冷内热……

徐根宝和范志毅，他们曾经热热闹闹地创造过属于他们的时代，他们活得真实，他们不懂掩饰，他们努力地做着自己。有时候，他们喊的口号没有兑现，用上海话说，"豁边"了。更多的时候，他们在别人看不到的地方默默付出，为中国足球做着实事。

有人说，徐根宝和范志毅不像上海人。但他们确实是不折不扣的上海人。

"铿锵玫瑰"孙雯

瑞士苏黎世的国际足联博物馆里,珍藏了现代足球100多年发展历史上的诸多纪念品,能在这里展出,是足球世界中价值的体现。中国足球苦苦摸索了很多年,在国际足联博物馆里,自然很难找到中国元素。但有一个名字,却出现了好多次,那就是:孙雯。女足展馆悬挂着大幅的孙雯画像,大屏幕播放着孙雯的进球,陈列柜里还有一件1999年中国女足参加世界杯决赛时的球衣,印着孙雯的号码:9号。她是中国女足的代表,是"世界足球小姐",也是世界女足运动的一面旗帜。

然而当孙雯面对记者的采访时,她并不愿意太多谈论外人看来无比辉煌的球员生涯。在她看来,沉迷于回忆没有太大意义,她享受足球的过程,希望中国足球能走上正确的轨道,早日实现自己"美丽足球"的理想。如今的孙雯担任中国足球协会副主席,终日奔波于各种会议、论坛、赛场……和1982年初次踏上球场时相比,她早就不是那个懵懂的女孩,然而对足球的热爱,却丝毫未变。

孙雯1973年出生在上海南市老城厢,如何走上足球道路,她自己归纳总结是"一是自己喜欢,二是家庭影响,三是当时的氛围"。电视台转播了1982年西班牙世界杯,孙雯在电视上看到普拉蒂尼、

"世界足球小姐"孙雯

马拉多纳的足球,她想自己也能用这样的方式去踢球。孙雯称得上是少年得志,12 岁进上海市体育运动学校,16 岁进上海队,17 岁进国家队……第一次代表中国女足参加国际 A 级赛事,是 1991 年女足亚洲杯对日本队,她替补上场完成国家队"首秀"。穿上国家队球衣是什么感受?孙雯说:"紧张啊,除了紧张,就是拼抢。"

孙雯一直踢到 2006 年才彻底退役,那年她已经 33 岁了。差不多 20 年的球员生涯,她踢过无数重要赛事,但让她印象最深的一场球,却不是决赛,而是 1999 年世界杯,在波士顿福克斯波罗球场对挪威队的那场半决赛,5 比 0 战胜对手,堪称是酣畅淋漓的一场胜利。对孙雯而言，更让她感动的是那场比赛来了很多中国球迷，五星红旗在美国的球场上飘扬，为中国女足加油，使姑娘们发挥出最大的能量。在孙雯看来，比赛的结果固然重要，比赛的过程更让人迷恋。很多年以后，回忆那场比赛，孙雯依然是一脸幸福。

然而幸福转瞬即逝，决赛中国队点球输给美国队，屈居亚军。虽败犹荣，终究还是输了。2000年悉尼奥运会，中国女足又是亚军，在最巅峰的年代，孙雯和世界冠军擦肩而过。之后，她闯荡美国大联盟，做过体育记者、女足教练、足球官员……她从来没有让自己停止思考，更没有忘记自己从事足球的"初心"：踢美丽的足球。

在美国踢球期间，她认真考察美国的体育体系，看到世界女足实力最强的美国队是如何炼成的，不是急功近利，而是通过足球让更多的女孩子欣赏体育，从中得到快乐，通过足球拓展人生的各种可能。有了一个好的生态，就能够健康、可持续地循环发展。所以美国女足长盛不衰，或许实力有起落，但参加世界大赛从未跌出过前四名，这绝非偶然。

孙雯从事很多不同领域的工作、体验不一样的人生，用不同的视角去尝试和理解一些深层次的内容。她深深感到仅仅作为一名球员，生活是封闭而单调的，知识结构的、社会的、心理层面的很多历练是很欠缺的。因为有一个辉煌的职业生涯，她有机会在生活中扮演不同的角色，充实自己，尤其是思维上的改变和丰富。随着年龄增长，她对自己的判断慢慢清晰，还是选择回归自己的本源，在足球中，她重新找到人生的激情。

以中国足协副主席
身份接受电视采访
的孙雯

孙雯把自己定位为一个足球的技术人才、专业人才，希望自己能发出作为一个专业人的声音，更好地为足球发展出谋划策，从各种角度帮助足球，承担她的一份责任。对于"专业人"的定义，孙雯认为不是说会踢球就是专业人，不会踢球就不是专业人，足球是一个大的系统工程，需要各种管理人才，媒体人才，市场人才，教育人才……她希望组建一个真正好的团队，各自发挥自己的长处，这才是她理想中的"专业"。

孙雯很愿意和年轻运动员分享自己的经历。作为球员，成绩肯定是最重要的，有了成绩才有关注度，才有更好的舞台展现自己，得到丰厚的回报，也能够给社会带来更大影响。作为"世界足球小姐"，孙雯对这一点感受是深的，或许可以说很少有人能从她的高度认识运动成绩对一个人的重要性。但孙雯内心还希望球员能成为更优秀的社会人。除了踢球，运动员应该有多种人生的可能性，通过足球向年轻人展现积极向上的力量，未来成为管理者、教练、市场人士，甚至律师、医生……孙雯在世界各地看到很多优秀运动员的转型。"她们能做到的，我们为什么做不到？"创造发展平台，让运动员成长，这是足球管理者的责任。

如今的孙雯在忙忙碌碌之余，依然在思考着如何让中国的年轻人踢出她理想中的"美丽足球"。她看到人们对体育的认识越来越丰富，她到处宣传她的足球理念，全力让足球为人带来改变，改变自己，改变周围的人。孙雯经历了这种改变，但在她看来，只是在一个很小的范围内，是远远不够的。她想看到越来越多的年轻人能更丰富地理解体育，理解体育中向上的一面，理解体育的社会功能。

足球不应该是狭隘的，越有包容心就越有感知力，越会去想做得更好，也越有反省的能力。——这就是孙雯，一个上海女子对足球的理解。

上海男排传奇的诞生

位于静安公园对面的延安宾馆,曾是条名弄堂,名为"福煦坊",还曾有一所中学:时代中学。时代中学的历史和它的名字一样,很有上海历史发展的时代特色。上海开埠后,法国天主教耶稣会于1874年在孟斗班路(今四川南路)、公馆马路(今金陵东路)路口开办圣芳济学院,1884年起招收华人学生。这所学校在虹口的分部后成为北虹中学。本部到1934年搬入静安寺福煦路福煦坊(延安中路1153弄),50年代改名时代中学,1960年搬到武定路。

1950年,上海排球一代球星和教练,也是改革开放年代上海体育重要的管理者祝嘉铭考进时代中学,在这里开启了自己的体育人生。多年以后,祝嘉铭在国际排联任官员,他演讲、交流、给学员讲课,流利的英语都是在这里打下的基础。他说中文,有点"搁楞"(沪语"口吃"的意思),说英语却一点不打搁楞。

祝嘉铭进高中时身高达到1.90米,成为学校排球队的主攻手。时代中学的体育特色从圣芳济时代一直延续,排球更是他们的金字招牌。中学毕业,"学霸"祝嘉铭通过高考考入上海交通大学学习船舶动力专业。当他还在犹豫是否要成为专业运动员时,1959年首届全运会的举办改变了他的人生。他代表上海队参赛,获得冠军。那支球队中还有他交大的同学李家振、华东化工学院的张祖恩等大学生运动员，个个品学兼优、德智体全面发展。

1960年，祝嘉铭入选国家队，他们首创4号位平拉开战术，1965年3比0战胜日本队，其中有一局比分15比0。1966年世锦赛，拥有祝嘉铭、袁伟民等选手的中国男排背上了"思想包袱"，和冠军擦肩而过。而当年被中国队"剃光头"的日本队，在1972年慕尼黑奥运会上获得了金牌。

祝嘉铭退役后当了教练。1983年亚锦赛中国男排冲击冠军，决赛对日本，局分2比0，第三局又是13比11领先，祝嘉铭轻敌了，竟让对手翻了盘。第二年他带队参加奥运落选赛，又和出线权失之交臂。更出人意料的是，因东欧球队抵制洛杉矶奥运会，中国男排又获得了奥运参赛资格。可惜祝嘉铭已离开了球队，汪嘉伟、沈富麟等球星也退役的退役、出国的出国，祝嘉铭的中国男排已经成为过去。

时隔多年，祝嘉铭反思那几年的中国男排，他这样说道："若非思想上的松懈，中国男排或许可以凭借真正的实力，而非侥幸进入奥运场，甚至夺得更高的名次……"

从国家队主教练位置上退下来后，祝嘉铭先后担任上海市体委副主任和上海体育运动技术学院院长，分管竞赛、外事等工作。篮球名宿张大维回忆祝嘉铭时说他"球技高超、理念超前，博学多才，喜爱音乐"，如果用一句话形容祝嘉铭，他是"真正的老上海"。

2020年1月12日，中国男排苦战三局，以0比3负于伊朗队，无缘东京奥运会。当时的球队主教练，是已经65岁的老帅沈富麟。以他的年龄、资历，完全可以在家享受生活，他并非不懂生活乐趣的人。但在中国男排最困难的时候，这位上海市体育局的退休干部勇敢地站了出来，在短短两三个月时间里让这支球队发生了脱胎换骨的变化，屡克强敌。但面对实力超群的伊朗队，沈富麟无力回天。

1955年沈富麟生于上海，他打球的年代是中国男排的黄金时代。1981年世界杯预选赛，他和他的队友们在和韩国队（当时称南朝鲜）比赛时，在局分0比2落后的情况下奋起反击，连追三局拿下比赛，"团结起来，振兴中华"，唱响那个时代的最强音。作为球员的沈富麟是80年代精神的代表。

"沈富麟"这个名字总和出神入化的传球联系在一起，他是球场上的大脑。1990年，他首次担任教练就带领上海男排拿回了阔别16年的全国冠军。30年来，"沈富麟"这个名字总是和"冠军"联系在一起。他拿过多少个冠军？数都数不清。他的身份从沈指导变为沈主任、沈院长、沈主席……

2019年五星体育和上海市体育局合作推出一档《上海体育追梦七十年》的节目，来电视台录节目，沈富麟穿了一身合体的高级定制西装，头发纹丝不乱。一个小时的专访，沈富麟知无不言。采访结束，编导和沈富麟开玩笑：沈指导，你去演电影，不用化妆。沈富麟笑笑：没有什么刻意打扮，人出来就是要有样子，何况我代表了上海排球的形象。对自身要求极高，进而对自己的队员要求极高，这就是沈富麟，一个60多岁的老上海人。

沈富麟事业的继承人是沈琼，名字听起来像女孩子，在中国排球界却是如雷贯耳。1981年出生的沈琼刚到不惑之年，就获得了前无古人的成就：作为运动员，联赛九连冠。转型上海男排主教练时他才33岁，第一年当教练就带队重夺联赛冠军，成为联赛历史上以球员和教练身份均获得冠军的第一人。自从沈琼执教上海男排以后，他从未让冠军旁落。

沈富麟和沈琼这对师徒在上海男排缔造的成绩，放到任何一个时空，都可以称为"王朝"。排球是一项特别注重团队精神的运动，队员共同品尝胜利的喜悦、失败的苦涩，有时候甚至有点儿女情长。曾经有两年，上海男排让冠军旁落。当沈琼带队重夺冠军之后，他说出

沈富麟

沈琼

"冠军之师"上海男排

了这样一句话:"我们队有13名队员,第13名队员就是汤淼……"

他们没有忘记自己的队友汤淼,在一次训练中不幸受伤、高位截瘫的队友。沈琼说:"我们永远是兄弟。"

上海男排所到之处,总是团结得像一个人。或许正是这种团结拼搏的精神,给上海男排带来一座又一座奖杯。

说起上海男排,沈琼总是重复一句话:"我们代表了上海。"

小个子女孩的大能量

篮球和排球被称为"长人的运动",如果没有一定的身高,从事这两项运动的机会都不会太大。但在上海女篮和女排的历史上,却有两位身材不高的传奇运动员,她们非但成了专业运动员,还成了国手和球队的核心。退役以后她们依然书写着自己各自的精彩。她们,就是身高 1.66 米的女篮国手丛学娣和身高 1.75 米的女排国手诸韵颖。

1992 年巴塞罗那奥运会女篮半决赛,中国女篮对阵古巴女篮,作为中国队核心后卫的丛学娣仅仅上场 27 分钟就拿下全队最高的 20 分,力助女篮冲进决赛。这是中国女篮历史上最伟大的比赛,奥运亚军也是中国女篮获得的最好成绩。当时 29 岁的丛学娣此前已经历过一次退役,因为中国女篮成绩滑坡,她复出参赛,经过一番艰难,终于带领中国女篮冲上巅峰。

丛学娣身高 1.66 米,即使不从事篮球运动,也不能算高个子。1963 年她出生于静安区,从小就是位名副其实的运动健将,"假小子"。上学时田径、垒球等项目样样拿得起,乒乓球更是练到相当水准。因为机缘巧合,丛学娣接触到篮球运动,她没有考虑太多未来发展问题,只是单纯地被篮球运动丰富的技战术打法和激烈的对抗所吸引,很快就爱上了篮球。

丛学娣球场英姿

业余训练玩玩是不要紧，一旦从事专业训练，身高的问题很快就凸显出来。丛学娣一点一点积累比赛经验，她认识到篮球是一项高个子的运动，如果没有身高，只能扬长避短，通过大量的练习，提高自己的控球、传球技巧，充分发挥小个子敏捷与细腻的特点。速度一定要快，不仅仅是身体的速度，更重要的是思考的速度。她就像球场上的精灵，在丛林中奔跑、跳跃、投掷，总能领先一步卡住位置，又能把球准确无误地传给自己的队友，一旦她出手，命中率就出奇地高。1992年奥运会半决赛对古巴那场球，她两分球和罚篮的命中率是100%，三分球8投5中。要知道横亘在她面前的，是山一样的古巴球员。

丛学娣的奥运生涯是从1984年的洛杉矶开始的，那年她刚满21岁，入选国家队还不到一年，理所当然是个替补。只有在球队陷入困境时，教练才决定给年轻球员一个机会。丛学娣上场后，很快用自己娴熟的运球和精确的传球串联起球队。丛学娣用自己的表现争取到首发机会，国家队生涯正式起航。三届奥运会，丛学娣和中国女篮一样，表现有起有伏，最终在1992年巴塞罗那奥运会上大放异彩。

退役后，丛学娣依然心系篮球。在她的带领下，中国青年女篮在2016年U18女篮决赛上大胜日本，完成亚青赛四连冠。她又担任上海女篮主教练，在1996年拿下乙级联赛冠军，使球队重返阔别已久的甲级联赛。1997年，她率队获得全运会第三名。20多年教练生涯，丛学娣一直在一线拼搏，她依然像打球时那样，在"长人"如林的篮球界穿梭，像个球场上的精灵。

"你只有热爱自己的运动，才会动脑筋，才会付出，才会有自己的目标。打球不能永远停留在自己先前的基础上，一定要有想象力，创造力，不能把以前的东西按部就班地来做。当你有创造力了，你就

丛学娣

能去挑战更新的目标。"这就是丛学娣对篮球的感悟。

和丛学娣相似，1.75 米的身高也让女排姑娘诸韵颖成为球场上的"异类"。在中国女排的历史上，曾有一批被誉为"白银一代"的球员。她们的成绩没有达到巅峰，但她们承上启下，在女排成绩一度滑坡的年代，为队伍重新振作打下坚实的基础。1995 年，郎平首次执教中国女排，不到 8 个月就在女排世界杯的赛场上获得第三名，上海姑娘诸韵颖就是其中一员。

1978 年出生的诸韵颖是球场上的二传手，最大的特点是灵性和多变的传球。这位"天才二传"7 岁开始运动生涯，最初练习的是篮球。因为喜欢日本电视剧《排球女将》中的小鹿纯子，她在 13 岁时与排球结缘，开始了自己的排球人生。

诸韵颖

1991年诸韵颖进入上海队,是上海女排联赛五连冠的功臣之一。当年的上海女排在主攻位置上并非最强,打球靠的是全队协同作战,在这样一支队伍中,二传手的实力显得尤其重要。年仅17岁的诸韵颖就被全国女排联赛评为"最佳二传"。1995年,诸韵颖入选国家队,同年夺取世界杯第三名,之后获得1996年亚特兰大奥运会亚军和1998年世锦赛亚军。

应该说,郎平执教的中国女排,不像上海队那样,是以诸韵颖为核心的。她参加两届奥运会,都不是绝对主力,1996年因资历太浅而坐板凳,2000年又因给新人让位而淡出,这是诸韵颖职业生涯不得不面对的遗憾。但提及郎平,诸韵颖充满感恩。在她看来,郎平在日常训练中高标准、严要求,用爱与责任帮助队员们提高水平。在比赛前的关键时刻,郎平又会为大家缓解压力。正是郎平的以身作则,让诸韵颖明白对于事业所要肩负起的责任。这种责任感和使命感为诸韵颖退役后的成功打下了坚实的基础。

2002年,年仅24岁的诸韵颖选择退役,但她并未离开自己热爱的排球事业。诸韵颖在复旦大学学习法律,完成学业后办起了排球俱乐部。通过结合在大学中学到的管理知识和"二传生涯"中眼观四路、耳听八方的特点,她的青训俱乐部办得红红火火。

两位小个子运动员,两位上海的女性。她们选择了"长人"从事的项目,无怨无悔。她们付出别人无法想象的努力,享受过成功的喜悦,也品尝过失败的泪水。上海作家王安忆在《上海的女性》中这样写道:"上海的女性心里很有股子硬劲的,否则你就对付不了这城市的人和事……你决不能将她们的眼泪视作软弱。"

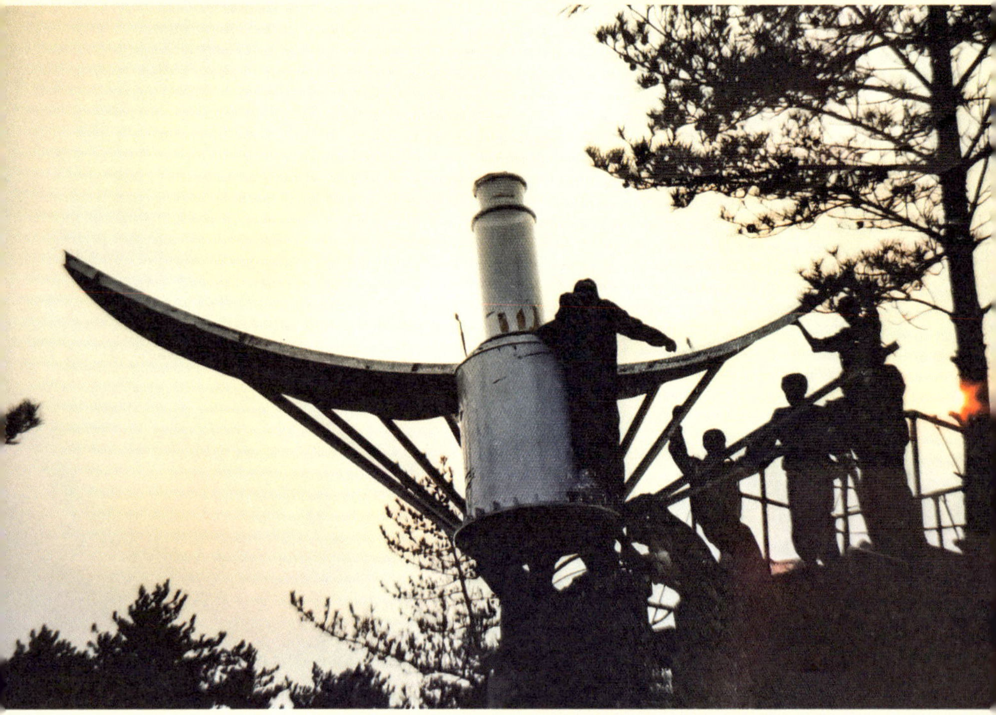

看体育，听体育，谈体育

中国奥运采访第一人
他们都曾报道过体育
全能体育记者冯小秀
第一次广播听足球
为了让上海人看到比赛
一场足球转播的背后

中国奥运采访第一人

中国体育事业的发展，离不开新闻报道的助力。如今中国的体育新闻报道从以往传统的文字、摄影扩展到各个方面。民国时代中国三次组团参加奥运会，第一位采访奥运会的记者是冯有真。

1905年冯有真出生于江苏省常熟县一户普通的农民家庭，家里省吃俭用，众多兄弟姐妹，只供他一人上了杭州的之江大学。冯有真酷爱体育运动，大学里是之江大学足球队的前锋，英语学得也好。1934年在菲律宾马尼拉举行第十届远东运动会，29岁的冯有真以中央通讯社南昌分社社长的身份随中国运动代表队前往采访。在一篇报道中，冯有真这样写道："庶几将来，我国体育于国际舞台上能有扬眉吐气之一日？"

两年以后的1936年，柏林奥运会召开，中国派出了由69名运动员组成的代表团。冯有真作为《中央日报》特派随队记者，成为中国第一位采访奥运会的人。在历时10天

冯有真

的柏林奥运会上，中国运动员在初赛中就淘汰殆尽，唯一一名进入第二轮比赛的撑杆跳高运动员符保卢，也随即被淘汰。出征时豪气干云，最终的成绩却不理想，引发了冯有真的思考。

他竭尽全力寻找亮点，希望可以通过自己的新闻报道鼓舞士气。奥运会历史上的第一场篮球决赛，裁判由中国人舒鸿担任，这是很大的荣誉。冯有真在新闻中这样写道："舒氏抵德后，经大会篮球委员会聘为裁判员，屡次执法，铁面无私，目光犀利，赏罚分明，极得好评。故决赛一幕，特聘请舒氏充任裁判，极为荣誉……"

另外，中国代表团在柏林奥运会上的武术表演受到观众的喝彩，冯有真用接近武侠小说的笔法进行了描述："傅淑云的一招一式，敏捷利落，身手不凡，如龙腾，似虎跃，神韵横生，赢得阵阵掌声和喝彩声。二十岁的刘玉华飞步上台，从背上刷地抽出双刀。那一趟抡劈大舞浑似钱塘秋潮，汹涌向前……"

在归国前的最后一篇报道中，冯对这次落寞的奥运之旅作了一个总结，他充满希冀地写道："自然，以我们选手的成绩去和各国名手相较，真是如小巫之遇大巫，要想获胜得分，全是梦想奢望。但……将为我国的体育打开一条新的路线，割分一个新的时代……"

冯有真是一名体育记者，但他采访的领域绝不只是体育。1931年，年仅26岁的他就被破格提拔为中央通讯社采访部主任，并兼任《中央日报》特约记者。从柏林奥运会归来后，他又被委以重任，成为中央通讯社上海分社主任。抗战全面爆发以后，中国体育发展暂时中断,冯有真投入到抗日的洪流中,从此告别了体育新闻。

抗战期间冯有真最著名的一次报道,是1937年采访淞沪会战时,他大笔一挥,将保卫四行仓库的五百名将士改成"八百壮士",他这样写道:"闸北我军虽已于昨晨拂晓前大部安全撤退,但此非谓闸北已全无我军踪迹,盖我八十八师一营以上之忠勇将士八百余人,由团长谢晋元营长杨瑞符率领,尚在烈焰笼罩敌军四围中,以其最后一滴血,与最后一颗弹,向敌军索取应付之代价,正演出一幕惊天地泣鬼神可永垂青史而不朽之壮烈剧戏也……"

从新闻的角度,这样的改写很夸张,不符合"新闻真实",但"八百壮士"的提法朗朗上口,起到了更好的传播效果。

冯有真是在北伐期间投笔从戎的,在国民革命军第一军第一师政治部担任宣传干事。1933年他曾深入新疆79天,写成长篇通讯《新疆视察记》,成为记录新疆状况的珍贵资料。

抗战期间他坚守上海孤岛,两次遭遇日伪特工的暗杀,幸而都化险为夷。冯有真写稿速度很快,有"倚马可待"的名声,眼快、手快、脑快、脚快。冯有真后担任《中央日报》社长,1948年冬在一次空难中身亡,终年43岁。同机的还有原国民党宣传部长彭学沛、电影导演方沛霖、美国总统罗斯福的孙子昆汀·罗斯福等。冯有真遗体在香港火化后,安葬于上海静安公墓(今静安公园)。

1936年柏林奥运会闭幕后,冯有真在《吾国代表团定期返国》的报道中系统地谈了他的体育观:"此次参加世运大会,所闻所见,更觉刺激颇深,苟全国国民不再努力,则我国国际地位永无提高之日,而提倡体育亦决非养成少数运动员所可藏事，必须全国国民共同发展。注意民族健康，尤应从青年儿童入手，俾使全国国民有健全强壮之体格，则中国国途，庶几有豸。"他明确提出中国体育的发展不仅仅是培养几名优秀运动员，而是要从青少年入手。这样的观点即使放到现在来看，仍是切中时弊。

他采写的体育新闻也不仅仅关注赛事成绩，而是对中国积贫积弱的状况进行深入的思考。他曾这样写道："运动之技术优劣，尚为次要问题，成功与失败，更无所用其悲观。而体力之羸弱如此，实为我国民族前途寒心……"

作为一名体育记者，他是优秀的。

他们都曾报道过体育

民国时代在报馆当个记者收入不算高,但能领份干薪,不少文人初到上海,蜗居在"亭子间"里写诗、写杂文、写戏曲曲艺唱本,有份记者的工打一打,还是不错的。以译作《御香缥缈录》和创作言情小说《秋海棠》闻名全国的作家秦瘦鸥就当过记者,而且是体育记者。

秦瘦鸥原名秦浩,海上"鸳鸯蝴蝶派"作者多用恨、瘦、独、鸥、鹃等字为笔名,后人望文生义,多以为秦瘦鸥也是鸳鸯蝴蝶派。其实秦瘦鸥出道时间晚,归不进"鸳鸯蝴蝶派",勉强算"后鸳鸯蝴蝶派"。秦瘦鸥毕业于上海商学院(今上海财经大学的前身)银行系,曾在京沪(这里的京指的是南京)、沪杭甬铁路局工作。他的英语和法语都很好,30年代翻译裕德龄的《御香缥缈录》,一举成名。此书原名 *Imperial Incense*,直译是"皇室的香气",经秦瘦鸥译成"御香缥缈录",堪称妙笔。德龄还有一部 *the*

秦瘦鸥

Son of Heaven（直译为"天子"），秦瘦鸥译成《瀛台泣血记》。

《秋海棠》早在20年代已经写好了，种种原因未能面世。1941年1月6日，总算在《申报·春秋》上开始连载，直到1942年2月13日刊登完毕。饱经战争之苦的上海市民被秦瘦鸥吊足胃口，每天《申报》送到家里，副刊先被师母、小姐抢去，人人为秋海棠、罗湘绮和梅宝的人生悲剧揪心。上海解放前夕秦瘦鸥在台湾金铜矿业公司驻沪办事处任职，来往于上海和台北之间，最后终于选择留在大陆。解放后秦瘦鸥在香港《文汇报》及上海几家大出版社任职，直到1993年去世。

秦瘦鸥在20年代中期还是学生时，就拿起球拍走上网球场，参加校际比赛。后由熟人介绍进入《时事新报》担任见习记者，先跑社会新闻，后改跑体育。当时《时事新报》体育版负责人蒋湘青先生（1889—1981）是中国著名体育家，曾任圣约翰大学体育系教师、复旦大学体育部主任、沪南体育场场长、上海体育学院副校长等职，写过很多体育教材和著作。在他的鼓励下，秦瘦鸥的体育记者事业干得风生水起。1927年，他以《时报》持证记者的身份，参与报道了在上海举办的远东运动会。正是那次运动会，让他对中国体育有了全新的认识。

所有体育项目中，秦瘦鸥最喜欢网球，他参加远东运动会的报道，主要负责的就是网球。本来中国网球水平不如日本，那届赛事中国队请到两名印尼、新加坡的华人球员林宝华和邱飞海，一举打破日本队的垄断。

对当年的中国体育，秦瘦鸥有自己的判断。远东运动会参赛的只有中国、日本和菲律宾三国，中国在田径、游泳等项目上都比不过日本和菲律宾，网球打不过日本，篮球打不过菲律宾，唯一占优势的只有足球。秦瘦鸥痛心疾首，但也无可奈何。因为文学方面声誉日隆，秦瘦鸥短暂的体育记者生涯戛然而止。

1984年第四期《新闻记者》杂志上刊登了一篇秦瘦鸥的文章《一个老体育记者的心里话》，文章开头写道："看到了我现在这样瘦骨嶙峋、老态毕露的外形，恐怕没有人会相信我对体育运动也曾感到兴趣，甚至一度还当过体育记者吧？"

1935年3月8日，上海滩一代影后阮玲玉服毒自尽，死因至今众说纷纭，光遗书就有几个版本，有的说是"人言可畏"，又有人考证阮玲玉说过"我何罪可畏"。无论如何，阮玲玉之死和记者们写的花边新闻有很大关系，他们花费大量笔墨描写阮玲玉和唐季珊、张达民之间的关系，遣词造句让当事人无法接受。各种材料都指向一位和阮玲玉有些渊源的《时报》(*Eastern Times*) 记者：滕树谷。

蔡楚生导演、阮玲玉主演的电影《新女性》中有个记者角色，由顾梦鹤扮演。生活中顾梦鹤和滕树谷是好朋友，就模仿滕树谷的样子来演。电影一放映，观众一眼看出名堂：咦？这不是滕树谷吗？连带顾梦鹤也有了个外号：老滕。

滕树谷

因为《新女性》中的记者角色，当时的新闻公会和联华电影公司闹得很不愉快。新闻公会认为其恶意丑化新闻记者。联华公司为此公开道歉。恰好此时女主角阮玲玉有点家庭纠纷，记者当然不放过这个机会，对绯闻全力渲染，使阮玲玉深陷桃色漩涡，终于不堪重负。

滕树谷跑电影和体育条线，滕树谷在中国体育新闻历史上有其独特地位。1932年洛杉矶奥运会，刘长春"单刀赴会"，他识文断字，有写日记的习惯，每天都写下在美国的遭遇和感想，整个奥运期间没有中断。这些日记转交到滕树谷的手里，经他修饰润色后见诸报端。中国现场采访奥运的第一人是后来担任中央社社长的冯有真等，但第一位报道奥运新闻的记者，却是这位文体一把抓的"老滕"：滕树谷。

抗战全面爆发后，1943年滕树谷在《人间味》杂志任主编，出版地为已经沦陷的南京。后来他去了哪里？人们查不到太多资料。在徐州市第三中学的"退休教师"名单中有"滕树谷"的名字，另外有人回忆，50年代的徐州师范有位"曾经的《文汇报》主笔滕树谷先生"。由此推断，滕树谷在徐州做老师，最终下落如何，不得而知。在娱乐和体育新闻报道领域都很活跃的"老滕"，消失在了历史长河中……

全能体育记者冯小秀

2012年伦敦奥运会开幕前，一家平面媒体对国内几位体育新闻报道的前辈进行采访。上海著名体育记者颜世雄在采访中说了这样一句话："如果说有谁是我的偶像，是我当体育记者的引路人，那就是冯小秀。"

颜世雄上中学时就给《亦报》（后并入《新民晚报》）投稿，1956年大学毕业后就到《体育报》任记者，1961年北京世乒赛已经是他大展身手的舞台。70年代回上海后，他一直在《体育报》上海记者站任职，堪称上海体育新闻界的前辈，也是很多年轻记者的偶像。而冯小秀作为"偶像的偶像"，在老一代读者心目中更是占有不可撼动的地位。

冯小秀于1920年出生，是广州人，1935年进香港《南华日报》任练习生，不久就调任体育记者。后转入《辛报》《南京日报》，也是从事体育报道。1946年到《东南日报》和著名体

冯小秀

冯小秀手迹

育记者桑榆任搭档，由此声誉鹊起。1949年上海解放，29岁的冯小秀加盟新创办的《亦报》，1952年《亦报》并入《新民晚报》。正是在那段时期，冯小秀成为颜世雄的"偶像"。

冯小秀没有读过大学，写作靠的是爱好体育和勤奋工作。他有个习惯，到体育馆看比赛不爱坐记者席，专门跑到观众席就座。在他看来，那样除了观察比赛，还能听到观众对比赛的意见，收获更大。体育比赛难免有争议，双方球迷有时会争吵起来，甚至相持不下，闹得面红耳赤。这时候总有人说："不要再争了，明天看小秀在晚报上是怎么说的，不就清楚了？"殊不知那个时候，争吵双方口中的"小秀"，或许正坐在观众席一角，记录他们对比赛的见解。有时冯小秀的身份"暴露"了，有球迷就要冯小秀当"裁判"，那个时候，冯小秀只能无奈地苦笑了。

50年代中国的体育事业还不发达，赛事不多，能写成体育新闻的素材更少。有体育专题报道的报纸，在上海几乎只有《新民晚报》一家。和现在的体育记者相比，冯小秀要面对的体育项目极多，从三大球到三小球，从田径、游泳、举重到体操、拳击、武术，可以说是无

冯小秀（中）采访上海市首届运动会

所不包。虽然电台直播比赛民国时代就有，但还远远没有普及。普通观众到现场观看比赛的机会也不多，因此报纸几乎是体育爱好者们了解赛事信息的唯一渠道。冯小秀的体育报道有声有色，充满现场感，让读者未到现场，却能了解比赛的来龙去脉，有身临其境的感觉。他的评论既有专家的专业角度，也兼及球迷的直观评价，所以中肯老到，受到体育爱好者的追捧，自然不在话下。

冯小秀写围棋是一绝，他首创以章回小说的形式报道围棋比赛，一支健笔让无数棋迷倾倒，第一位在中国击败日本九段棋手的上海著名棋手陈祖德在他的自传《超越自我》中曾这样写道："冯小秀是个难得的人才，直至如今当我捧起《新民晚报》时还经常联想起这位出色的记者。"吸引陈祖德的，正是在少年时代从报纸上读到的冯小秀的文章。他的文章能受到优秀棋手如此肯定，有人认为他本人的棋力也不俗，其实冯小秀能下棋，但棋艺并不高。上海解放后报纸上体育内容的篇幅减少，他经常写一两百字的小文章，"方块之中见高下"，就是这么短小精悍的文字，一样光彩照人。

冯小秀的象棋报道也有特色，时隔多年，已经70多岁的"胡司令"胡荣华回忆起1960年在杭州参加五省市象棋邀请赛的情景，依然记忆犹新。他记得冯小秀来采访他时写的文字："胡荣华坐在西湖的游船上，望着葛岭上的白云……"

冯小秀身材瘦小，戴副近视眼镜，符合人们想象中的文人形象。他报道的领域那么广，报道的见解那么深，完全是靠一个"勤"字。他的老同事吴崇文回忆，冯小秀上午到报社写稿、发稿，下午去赛场，除看比赛外，还广泛接触体育界人士，到晚上又活跃在赛场上，即使赛事已经结束，他还要"加班"，约几位体育行家在场馆附近找个地方用"吃夜宵"的方式谈论赛事，一年365天，无论严寒酷暑，风雨无阻地"泡"在体育圈里。

因为历史原因，冯小秀一度被剥夺了在报上发表作品的权利，"冯小秀"或是"小秀"的署名从报纸上消失了。读者纷纷前来询问，编辑部别出心裁地请冯小秀隐姓埋名，以"魏航"的笔名撰写棋类比赛报道。当年群众性的棋类运动很普及，但高水平比赛并不像现在这么多，冯小秀独创章回小说式报道，令业余爱好者望而生畏的专业术语很少使用，而是用普通读者都能理解的方式写作，很快，"魏航"的棋类报道又成为报纸的一大特色。"魏航"究竟何许人也？原来他就是冯小秀。人们不禁感叹："是金子总会发光的。"

尽管如此，在那个年代，体育报道的总体格调是"在友谊第一、比赛第二的友好气氛中比赛结束了",甚至连比赛结果都不会写。有冯小秀这样优秀的体育记者,却没有他的用武之地。1976年,冯小秀郁郁以终。

改革开放以后,上海的体育新闻报道和上海的体育事业一样蓬勃发展,"三报两台"之外,各路媒体精英辈出,涌现了无数有才华、有能力的体育记者,共同开创了上海体育媒体的辉煌时代。进入互联网时代,各种报道手段让人目不暇接,但冯小秀全能的知识、敬业的精神,以及他在体育报道中所开创的文风,依然是值得人们学习和追念的。"走基层、跑新闻",说老百姓的心里话,始终是不变的道理。

第一次广播听足球

体育传媒发展到今天,从最原始的"一支笔",到最先进的全高清全媒体转播技术,始终走在新闻行业的风口浪尖。中国第一次通过电台直播足球赛,是在民国时代的上海,让人意想不到的是当时的解说,用的是上海话。

1936年中国组团参加柏林奥运会,因国家积贫积弱,整体实力不强,只有足球队被认为有可能获得好成绩。中国足球队1936年1月开始选拔,4月确定参赛22名球员。球队组建后先在香港举行了三场热身赛,大获全胜。随后到上海,先是4月25日以6:1战胜葡萄牙侨民队,后是4月26日对阵上海西联队,这场比赛也被认为是一系列热身赛中最要紧的比赛。

当时的西联队,相当于上海外国侨民联赛组建的"全明星队",实力非常强,尤其在上海市民心目中地位很高。国家队和这支外侨全明星队的较量,自然引来各方关注,比赛在市中心体育场(也就是现在的江湾体育场)举行,吸引了3万名观众到场观看。3万名观众听上去不算多,但要知道,当时上海市的人口只有350万人,折算成现在的人口比例,相当于到场观众二十几万人。而且当时江湾属于郊区,从市中心去江湾非常不便,那天上海全市营业性出租车被预订一空，基本上算是全城出动了。

那场比赛结果出人意料，中国队虽然实力略强于对手，但最终以2∶3失利，一时群情沸然，上海市民认为这是中国队莫大的遗憾。西联队11名球员超水平发挥，而中国队的表现明显不如第一场对葡萄牙侨民队的比赛。

赛后细究败因，舟车劳顿是一大因素，而被中国球迷神化为"球王"的李惠堂有一脚12码点球，竟命中门柱弹回，也令现场三万观众黯然失色。关键时刻顶不住、关键时刻核心球员不能"一锤定音"，看来是中国足球的顽疾，民国时代即是如此。

这场比赛首次由广播电台进行实况转播，瞿鸿仁担任播音员，这也是中国第一场电台直播的足球赛事。而瞿鸿仁的这场解说，用的是上海话。

瞿鸿仁是如何解说这场球的呢？场上那些足球术语，什么角球啊，任意球啊，越位啊，界外球啊，据说民国时代的用法还不尽相同，如果都用上海话来读，会不会佶屈聱牙呢？还有西联队的球员，有英国人，有西班牙人、葡萄牙人，还有犹太人，这些老外的名字，瞿鸿仁老先生是怎么念的呢？李惠堂点球一脚命中门柱的时候，他用的是上海话中的哪个感叹词呢？喔唷？啊呀？还是哎呦呢？可惜，因为没有留下录音，这一切已无从查考。目前的资料只能说明一个事实：早在30年代上海已经有了电台直播的足球比赛，而且用来解说比赛的，是上海话。要知道，那可是国家队参加的正式比赛。

1936年柏林奥运会前中国足球队在江湾体育场进行热身赛

之后中国队又参加了几场热身赛，当时奥运会足球赛是淘汰制的，中国队的对手是英国队，实力确实有差距，输了个0比2，也正常。中国足球之后80多年的历史，似乎一直难以超越1936年的高峰。中国的体育传媒发展已经达到国际一流水平，在技术手段的运用上，和任何国家相比都不差。但用上海话解说赛事，似乎已成绝响。

中国第一位足球解说员瞿鸿仁先生，湮没在了历史之中。笔者查找了很多资料，只知道瞿鸿仁先生当过球员，20年代曾经入选过国家队，40年代进入当时的圣约翰青年中学担任教师，后来就从历史中消失了，也未能找到他的照片。圣约翰青年中学于1911年创办，地处中山公园，上海解放后改名"和平中学"，现在是上海市现代职业技术学校的华阳路校区。

民国时代著名的篮球解说员是老体育记者马友于，1946年菲律宾华侨群声队对华联队的比赛,即由他负责解说。1948年民国第七届全运会篮球决赛,对远东地区实况转播,也是马友于解说的。那届全运会的游泳比赛实况广播员是后来大名鼎鼎的演员陈述,而电影演员石挥、张伐、卫禹平、凌之浩、史原等担任了田径比赛的实况广播员。

为了让上海人看到比赛

足球是世界第一运动,上海人喜欢踢足球,也喜欢看足球。中央电视台早在1978年就播放了阿根廷世界杯的部分比赛录像,1982年对世界杯进行了全程转播。而上海电视台开始转播世界杯,则是1986年。

1986年在墨西哥举行的世界杯,中国版权属于中央电视台,上海电视台通过协调,获得两场央视没有转播的比赛实况转播权。1986年6月18日,意大利队对法国队的八分之一决赛,上海电视台体育部的

20世纪80年代的《体育大看台》节目片头

编辑、记者、播音员，以及技术、行政部门人员密切配合，凌晨 2 点 50 分接通卫星信号，体育评论员对着画面进行解说。虽然比中央电视台晚，但这是上海电视台第一次通过国际通信卫星现场直播在国外进行的重大体育比赛，意义同样重大。

5 天后的另一场转播，是阿根廷队对英格兰队。那可能是世界杯历史上最伟大的比赛之一，阿根廷球王马拉多纳先是凭借"上帝之手"攻入一球，然后又以娴熟的技术和超人的勇气，连过 6 名英格兰队球员，将球攻入对方球门。如此精彩的比赛让上海球迷看得如痴如醉，很多人通过那届赛事爱上了足球。

从此以后，上海的电视体育开启了"卫星时代"，从世界杯到奥运会，从全运会到亚运会，从国内到亚洲乃至全世界……多年以来，上海的电视荧屏上转播了无数场精彩赛事，几乎涵盖所有运动项目。

从 1994 年中国足球职业化改革以来，上海的电视机构全程参与，几乎转播了所有比赛。每逢周末守在电视机前观看足球转播，成为上海人的一种生活方式。然而曾几何时，转播一场国内赛事并不是那么容易的事。为了让上海球迷看到一场申花队的客场比赛，上海电视人曾经跋山涉水，远赴 3000 公里外的异地，将赛事信号传回。

那是 1996 年 5 月 19 日，甲 A 联赛第六轮迎来上海申花客场对阵延边现代队。上海申花是卫冕冠军，比赛自然引人注目。然而当时延边尚不具备电视直播的条件，过去两年申花客场对延边的比赛都未能现场直播，而是由采访记者将比赛录像带回再播出。1995 年上海申花队获得甲A联赛的冠军,徐根宝、范志毅等成为上海的城市英雄,申花队的声誉更是达到顶峰。难道还要让上海球迷看录像吗?当时负责客场转播的东方电视台体育部决心改变这样的状况。

当时东方电视台体育部负责人白李和祝树明开始策划如何直播这场赛事。正所谓"山重水复疑无路,柳暗花明又一村",那一年为庆祝第28届世界电信日,上海邮电机动通信局也在寻找相应的项目作宣传,两家机构一拍即合,策划了一个大胆的计划:电信局提供人员和技术保障,东方电视台负责节目信号制作。

1996年5月9日,由开道车、移动卫星车、补给车和东方电视台新闻采访车组成的转播车队浩浩荡荡地从上海电信大楼出发了。晓行夜宿,沿途经过江苏、安徽、山东、河北、天津、辽宁、吉林等8个省市,沿途停靠南京、泰安、天津、锦州、四平,全程2939公里,于5月15日抵达延吉。为保证准时抵达,卫星转播车队避开车流早

1996年5月,东方电视台摄制组奔赴延吉转播采访甲A联赛

晚高峰，常常需要早起赶路，吃饭睡觉都不规律，平均每天行车十几个小时。当年的路况和今天相比，是艰苦的。但团队成员齐心协力，比预定计划早一点抵达。

经过紧张的安装调试，赛场外的一座小山上架起了临时卫星站，5月17日东方电视台特派记者吴霄峰成功通过卫星传输发回报道，测试成功了。次日，申花队抵达延吉，随即进行训练，东方电视台记者拍摄了相关画面和采访，上海的电视新闻里看到了足球健儿的身影。

那天的比赛是在下午进行的，上海申花队不负众望，以3比0的比分获得胜利。当天申城洋溢着欢乐的气氛，人民广场和南京西路广

1996年5月，上海的技术人员在延吉调试卫星设备转播甲A联赛

电大厦的大屏幕播放的比赛直播,吸引了大量过路的球迷。面对记者采访的镜头,他们表示感谢电信部门和东方电视台能想观众所想,改变以往看不到延边客场直播的状况。更多球迷守在家里电视机前,为申花队呐喊助威。尽管是长途跋涉又是在边远地区实施传输,5月19日当天的比赛转播获得圆满成功,国际卫星通信组织对这次转播的视频和音频信号都给予了"4分"的最高评价。

如今,中国的电视转播技术已经飞速发展,任何一场国内进行的赛事都可以即时传送给观众。甚至电视都已不再是唯一的收看方式,很多观众通过移动客户端也能看到精彩赛事,他们唯一需要担忧的,是自己的流量是否够用。如今的良好条件并非一蹴而就,而是几代电信人和电视人一点一点摸索和奋斗的结果。

1996年上海申花对延边现代的这场比赛,可能只是一场普通到不能再普通的甲A赛事,比赛的细节,很多球迷可能不记得了。但上海球迷还记得那场球,记得那场比赛清晰的画面,记得上海的主持人王燕宁和延边的主持人一起坐在场边为球迷带来的解说。这次卫星直播开创了我国移动卫星通信设备长距离异地转播体育比赛的先河,实现了历史性的突破,不仅使广大球迷欣赏到高水平比赛,也为此后体育赛事异地直播积累了宝贵经验。

一场足球转播的背后

2019年5月12日,中超联赛第九轮上海上港对山东鲁能的比赛,负责赛事转播信号制作的五星体育首次将4K HDR制作转播系统和5G直播新技术用到直播之中,上海球迷足不出户就体验到了奥运会和世界杯级别的画面质量。

回想改革开放初期,国人能看到直播比赛的机会很少。如何使用转播车制作赛事信号?如何对体育比赛进行现场直播?当时体育电视人面临的,不仅仅是技术问题。从无到有,从录播到直播,从简单到复杂,从学习国外转播技术到达到国际一流水平,从单一传播渠道到全媒体直播……上海的体育电视和上海球迷一起走过漫长岁月,相互陪伴,共同成长。一般球迷看到的,是画面质量的提升和互动体验的加强,那么一场普通的赛事转播,其中究竟有怎样的技术含量呢?

以那场中超转播为例,这是中超赛场首次使用"4K HDR+5G"直播,现场使用了超高清18机位、网口摄像机、虚拟越位线、VAR和实时数据统计系统,全部对标国际最高赛事转播水平。从球员大巴抵达球场到比赛结束,任何一个细节都被最先进的摄像机摄入镜头,向观众全方位展示比赛的全貌。通过5G技术的超高网速、超低时延、超大连接三大特点,完美实现"原画临境",观众能够感受清晰度、

中超联赛转播车　　　　　　　　紧张工作中的中超转播组

流畅度、逼真度的三重体验。

　　赛事转播是体育赛事最核心的资源，也最能直接呈现一项赛事品牌的形象和水准。和前几年相比，上海观众明显感觉到转播质量的进步，机位更多，也有更多的高清慢镜头，在硬件上已经和世界先进水平看齐。英超联赛是世界公认的顶级直播体验，镜头风格和联赛风格相辅相成。上海的赛事转播在发展过程中建立相对固定的团队，进行统一培训，也形成了赛事转播的"上海风格"。

　　根据对日本联赛转播的学习，上海的电视工作者发现他们的转播不仅仅单纯转播比赛进程，而是通过对比赛内容的事先剖析，研究每一个球员的行为和战术套路，预设镜头话题；在摄像的机位设置上，由专门的摄像对比赛中需要重点关注的球员和区域进行跟踪，尽量多地表现比赛的花絮；转播团队和数据公司紧密合作，获取即时资料，把赛事直播和数据统计同步发布给观众。

近年来"飞猫"和"VAR"门线技术在各项赛事转播中得到充分运用,虽然距离欧冠联赛每场比赛22个机位对准球员的标准还有差距,但中国的足球转播已经有意识地使用更好的硬件,尽量提升画面品质。

以中超转播为例,2018年6月9日足协杯第四轮北京国安对上海上港的比赛,转播团队完成了足球赛事三维声的现场直播,在体育场中采集声音、制作中心远程混音,实现了身临其境的视听效果。2018年9月17日中超联赛第十三轮补赛上海上港对广州恒大的焦点之战,首次完成中超联赛的4K HDR直播,现场分隔为双制作区域,实现了高清和超高清两个版本制作,分别满足不同的需求。现场16+12个转播机位的设置成为当时中国足球转播机位数量之最。2018年10月16日中国对叙利亚的友谊赛,又实现了首次国家队赛事的4K HDR直播。之后2019年2月23日在苏州奥体中心举行的超级杯、2019年3月1日的中超揭幕战等,几乎每场重要赛事均有技术上的进步。

在乒乓球、网球赛事转播领域,上海电视人也有创新性的尝试和突破。如乒乓球转播中用到的"时间凝结"系统,随时把精彩瞬间提取出来,通过即时处理,组成相连接的影像,为观众呈现出类似于电影《黑客帝国》中"子弹时间"的画面和"全景慢速"的视觉效果。

上海国际马拉松赛从1996年开始举办,已经成为上海的一张名片。马拉松转播的技术含量体现了制作单位的技术能力。早在1986年上海就已经转播过马拉松赛事并使用了航空摄影、微波传送等当时

五星体育中超转播团队

五星体育中超转播团队

比较先进的技术。积累了丰富的经验后，上海的马拉松转播水准对标国际一流，2018年开始采用虚拟字幕系统，将比赛线路和周围景观建筑用动画的方式告诉观众，为观众营造代入感；同时通过在实景上叠加虚拟字幕的方式，让观众在不影响观看比赛的情况下同步了解比赛的方方面面。

环球马术冠军赛是上海举办的一项传统国际赛事，因马术比赛在一块非常平坦的场地上进行，很难用一个镜头完整体现场地情况和马匹跑动线路。虚拟字幕系统的使用，帮助转播画面实现了对场地的覆盖；用动画方式表现比赛场地和马匹跑动，为观众收看马术比赛增添了趣味性和观赏性。

正是上海这座城市特有的魅力，吸引了各项赛事纷纷选择在上海举行，也锻炼了上海的电视制作团队。上海的电视人视野开阔，有机会体察学习国际上最先进的制作理念和工作方式，技术一直在更新，水平始终在进步，团队逐渐在壮大。上海的电视制作团队通过各项大赛的磨炼，对电视转播"公平和平等""运动与情感"的转播宗旨理解日深，项目越来越专业化，分工更明确和详尽，人才越来越国际化，人员、设备、经费得到最合理的配置和应用。

记录比赛，规范操作，进而对比赛进行戏剧性表达，上海的体育转播和上海这座城市以及这座城市热爱体育的人们共同成长。

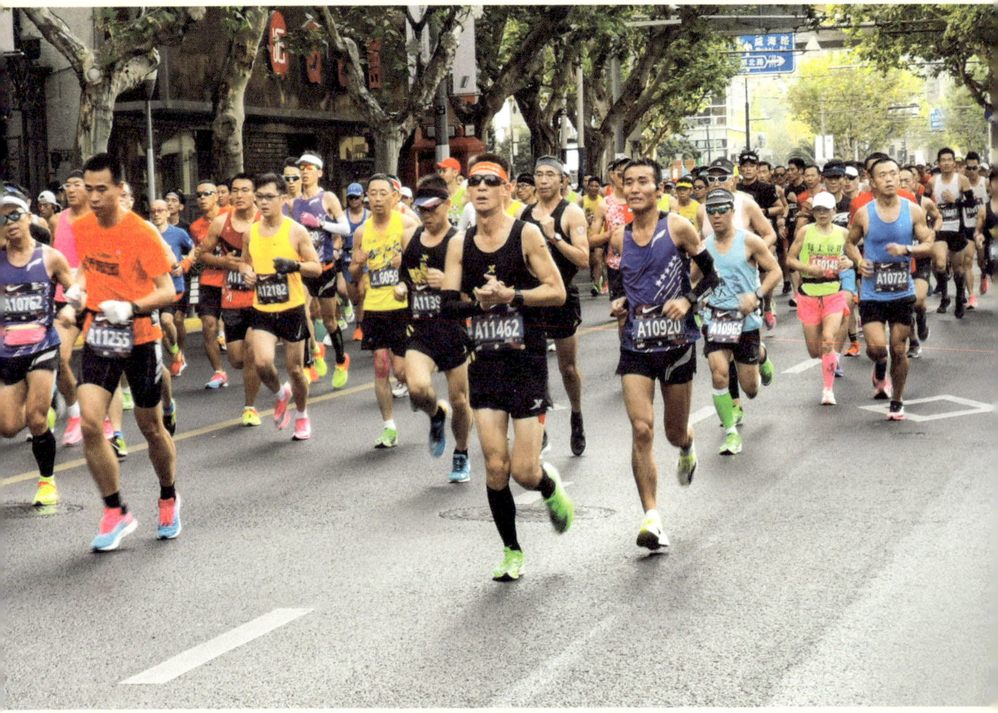
A10762
A11255
A12182
A11462
A10920
A10965
A10722

请进来,走出去

德义大楼和上海足球往事

环游世界的自行车达人潘德明

世界体育明星在上海

从费德勒坐地铁说起

上海凭什么成为"全球电竞之都"?

上海人未来体育生活的畅想

德义大楼和上海足球往事

随着电子阅读的不断普及,如今上海不少书店已经消失了。但还有很多老上海人想念南京西路、石门二路路口的"少年儿童书店"。当年这家书店在沪上非常有名,是很多上海人的集体回忆。而少儿书店所在的"德义大楼",和体育也有着很深的渊源,或者可以说,它就是为了体育比赛而建的。

德义大楼的地址是南京西路778号,建于1928年,是上海较早设单身宿舍的公寓大楼。大楼高10层,是典型的装饰艺术派建筑,即所谓"Art Deco"。大楼外立面是弧形的,由褐色高岭土耐火砖铺设,是上海最早使用这种立面的建筑之一。

大楼底层曾是少年儿童书店,店名由宋庆龄亲自书写,2003年书店搬离。据记载,大楼转角处两层窗口上有一花岗岩带饰,上

程贻泽夫妇

面原先有四座立雕人像，1966 年被砸毁。

说起德义大楼，不得不提投资建造这座大楼的程贻泽。程贻泽于 1905 年出生，大楼建造时不过是个二十来岁的"小青年"。程贻泽的叔叔程霖生外号"程麻皮"，是房地产巨商。程贻泽本人爱好体育，曾先后在静安寺路（今南京西路）、胶州路、泰兴路等地建造私人足球场、网球场、篮球房、游泳池等，还创办过两家足球俱乐部：三育和优游。

1927 年，程贻泽建立优游体育会，并决定出资设立以自己英文名字"Danis"命名的"台尼斯杯"足球赛，邀请中国各地的侨民、驻军以及香港、马来西亚等地的球队参加比赛，共有 300 余人参赛。这么

南京西路德义大楼

多人来上海踢球，住宿成了问题。程小开家里就是搞房地产的，大笔一挥开支票，就造了这幢大楼当宿舍。

德义大楼又称台尼斯公寓，这是程贻泽用自己的英文名字命名；又因程贻泽以慷慨好客自况，只要开心，千金万金不在话下，所谓"德义大楼"者，有"我台尼斯·程'讲道德、尚义气'的意思"。

程贻泽投资的三育足球队，是上海第一个由个人投资的社会业余足球队。为体育，他可说是倾注了毕生的财富和心血。20年代三育队和乐群队并称为"沪上足球二强"，但三育队总是功亏一篑，屈居亚军。为能获得冠军，程贻泽不惜重金，招兵买马，建造球场，投入不可谓不大。台尼斯·程是上海著名的"小开"，人称"小孟尝"，身边总是名流云集，他也用各种手段请来全国各地的球星加盟。但从三育到优游，程贻泽投资的球队总是和冠军擦肩而过，后来随着程氏家族生意亏损、资金不继，程贻泽投资足球力不从心，只是勉力支撑，他的"冠军梦"终究难以实现。

除了德义大楼和两家足球俱乐部，程贻泽对中国体育也尽心尽力。在孙曜东口述、宋路霞整理的《浮世万象》一书中，记载了程贻泽慷慨捐助一万两白银给中华体育协进会，供其租借中华运动场的事情。当时的"中华体育协进会"从美国洛克菲勒基金会租用了法租界天文台路（即今合肥路，该路1927年前名为天文台路，1927—1943年名为劳神父路，1943年至今为合肥路）的一块地皮，建起了中华运动场，作为当时中国的国家体育场。该场经过改造，成为具有相当规模的体育场馆，后来上海各项重大比赛，包括西联会的众多足球比赛及 1927 年的第八届远东运动会，均在此地举行。30 年代以后日本侵占东三省，中国内忧外患。这块属于洛克菲勒基金会的地皮租约到期，"中华体育协进会"不得不把场地迁移到延平路，建立申园运动场，英文名为 New Stadium，位置相当于现在昌平路的静安区工人体育场。1933 年国民政府在江湾开始建造体育场，1935 年建成。中华体育场成为历史，但程贻泽幕后的捐助是值得铭记的。

从 20 年代末开始，程贻泽的叔叔"程麻皮"生意大亏，投资黄金受了骗，家业垮了。泰兴路的丽都花园易主，德义大楼也被程家卖给中国银行。中国银行对大楼内部结构进行了调整，并作为职工宿舍使用。1949 年后大楼归上海市政府所有，但相当一部分银行职工及家属仍居住于此。程贻泽的足球俱乐部从 30 年代开始不得不逐渐缩小规模，依然苦苦支撑，直到 1947 年才彻底停止经营。

1949 年以后程贻泽在大中华纸盒厂、第十一纸盒厂工作，直到 1966 年退休。1982 年，原东华足球队的老板谭敬搞"元老足球"，打听到程贻泽住在北京路、石门路一栋房子的汽车间里，在他投资建造的德义大楼前摆个香烟摊勉强度日。程贻泽看着大楼前的人来人往，看着"德义大楼"这几个尚未褪色的铜字，心中是何种滋味，可能只有他自己知晓了。

环游世界的自行车达人潘德明

从襄阳南路到嘉善路这一段永康路，短短两三百米，是摩登上海的一大地标。这里一直是上海"网红"的聚集地，曾经是酒吧一条街，颇有"钿头银篦击节碎，血色罗裙翻酒污"的"闹猛"。后来经过整治，如今街道干净整洁，恢复了秩序。永康路东段大多为旧式石库门住宅，路北叫"兴顺北里"，路南则是"兴顺南里"，南里还分一弄、二弄；弄堂东边通往嘉善路的，叫"兴顺东里"，嘉善路上还有"兴顺新里"。由此可知，当年都是同一家地产商开发的。永康路、嘉善路这一带出过的名人不少，不说那些深宅大院，单说当年在兴顺南里这条小弄堂里摆摊头帮人烫衣裳的老裁缝，都曾做过惊天动地的大事。

人类历史上环球旅行的第一人，是葡萄牙殖民者麦哲伦，那还是16世纪的事情，不过麦哲伦坐的是帆船。还有儒勒·凡尔纳的小说《八十天环球地球》，那本是"小说家言"，坐的是轮船、火车乃至热气球。而在民国时代，上海有一位骑自行车完成环球旅行壮举的年轻人：潘德明。

1908年潘德明出生于浙江吴兴（今湖州），祖籍南汇，曾就读于上海南洋高级商业学校。1930年，22岁的潘德明在南京经营一家名

自行车环游世界的潘德明

为"快活岭"的西餐厅,他在《申报》上看到上海有几个年轻人组织了一个"中国青年亚细亚步行团",立志要徒步走向亚洲,引起了他的强烈兴趣。潘德明毅然关掉南京的餐厅,乘车赶到上海参加步行团。可当他回到上海时,步行团已经出发了,他又乘车追到杭州,这才赶了上去。

登高一呼,从者如云,容易。但要能坚持下来,可就大不容易了。这个步行团才走到越南清化,团里就只剩下中途加入的潘德明一人了。但潘德明并未退缩。他在越南西贡(今胡志明市)买了辆英国产蓝翎牌(Raleigh,俗称"凤头")自行车,开始了一个人的旅行。他还准备了一本重达4公斤的《名人留墨集》,用来收集沿途碰到的名流团体题词。

得到新加坡侨胞的资助,潘德明如虎添翼。在印度,他拜访诗人泰戈尔、圣雄甘地和尼赫鲁,之后辗转伊朗、伊拉克、叙利亚,到耶路撒冷、西奈半岛,穿过苏伊士运河来到埃及首都开罗,然后穿过地中海到欧洲。潘德明特地拜访了奥运发祥地奥林匹亚,当他得知中国因为缺少经费准备放弃参加1932年的洛杉矶奥运会(后经张学良资助,刘长春参加了那届奥运会)时,潘德明在公元前4世纪的古运动场遗迹的石柱上，用中文和英文在一张纸上写了两行字："中国人潘德明步行到此。"

在欧洲，潘德明共访问了16个国家，1933年7月他来到巴黎，法国总统莱伯朗和总理达拉第分别接见了他，通过驻法大使、上海老乡顾维钧的引荐，潘德明拜访了张学良。张学良给潘德明题词"壮游"。然后他从英国乘船于1934年1月抵达美国纽约，经古巴、巴拿马，回到旧金山，坐船到夏威夷檀香山，再从新西兰、澳大利亚，来到印度尼西亚。本来潘德明准备去日本，但当时中日关系紧张，他决定从东南亚直接回国，最终从泰国缅甸回到云南，于1937年7月6日（也就是"卢沟桥事变"发生的前一天）回到上海。此时距离他从上海出发，已经过去了整整7个年头。

徐悲鸿为潘德明题字"丈夫壮志"

回上海以后，潘德明曾在联合国善后救济总署短暂工作。1949年后，他只在昆明益兴汽车材料行有过工作经历。潘德明沉默了，他成了自己居住的兴顺南里弄堂里的老裁缝，靠给人熨烫衣服过日子。因为学过绘画，也画一些宫灯贴补家用。年轻时环球世界的豪情，就像是浆洗过的衣服上一条扭曲的印痕，被潘德明用电熨斗仔细地烫平，直到看不到一丝痕迹。

1976年10月18日，潘德明听到粉碎"四人帮"的消息，大喜过望，关照儿子到小菜场买大闸蟹，他要喝几杯，不料心肌梗死突发辞世，终年68岁。

潘德明的儿女大多有绘画天赋，其中三子潘蘅生曾到黑龙江插队，现在是沪上知名画家。1984年潘蘅生以父亲的经历为题材创作了连环画《周游世界》，一共252幅作品，堪称经典。

潘德明的传奇本已湮没在历史长河中。1979年，当时少儿出版社的编辑季一德先生在徐汇区永嘉路派出所的积案材料中发现了抄没的潘德明的护照、签证、船票、书信及名人题词，这些材料重见天日。

1930年，后来的老裁缝潘德明在越南准备《名人留墨集》时，在扉页上写了这么一段话：

以世界为我之大学校，以天然与人事为我之教科书，以耳闻目见直接接触为我之读书方法，以风雨雪霜、炎荒烈日、晨星夜月为我之奖励金。德明坚决地一往无前，表现我中国国民性于世界，使知我中国式向前的，以谋世界上之荣光。

世界体育明星在上海

上海是中国近代体育的发祥地之一，每年来上海访问和参赛的运动队、运动员不计其数。在体育方面，上海人是见过世面的。早在1915年，上海就举办了第二届远东运动会，接待了日本和菲律宾两个代表团，后来1921年、1927年，上海又主办过两届远东运动会。当时上海不少体育比赛都是华洋对抗，虽然参赛的洋人多是侨民，属于业余水平，但和外国人较量比赛的传统却一直保留下来。20世纪二三十年代出现单项体育交流，以足球、篮球、网球居多。40年代菲律宾群声篮球队来访，和上海球队交流后，还带来不少先进技术打法，后来群声队中的蔡连科等球员在中国组建"大公队"，有些球员留在中国，没有再回去。

上海解放后来访的第一支球队是1950年底到1951年初的苏联篮球队。苏联队于1950年12月20日来到中国，先后访问了北京、天津、南京、上海、广州、汉口、沈阳、哈尔滨等城市，直到次年1月31日才回国。苏联队是当时的欧洲冠军，水平很高，新中国百废待兴，篮球水平差距很大。而当时的上海市体育馆（即后来的卢湾体育馆）容量较小，自然不能满足观众观赛的需求，上海电台的播音员张之和电影演员陈述在电台中实况转播了这场比赛。张之读中学时打过篮球，随解放军南下后在电台从事播音工作，此前解说过国庆游行的实况。陈述爱好广泛，解放前就曾担任过民国全运会的解说工作。新中国第一场实况转播的比赛就这样开始了。

张之和陈述的解说开了先河，他们的语言表达方式也为后来的体育赛事解说提供了样板，如把个人突破形容为"单刀直入"，把勾手投篮说成是"回头望月"，把双方比分交替增长说成"犬牙交错"，这些现在依然在使用的体育比赛解说用语，都是张之和陈述在那场比赛转播中说起来的。后来张之调到中央人民广播电台，上海人习惯用"智多星""拼命三郎"等生动的外号称呼运动员，张之把这一传统带到北京，至今流行。

1958年，奥运历史上最伟大的运动员之一、捷克人扎托佩克访问上海。他是唯一一位在一届奥运会上包揽5000米、10000米和马拉松三项冠军的男运动员，1952年赫尔辛基奥运会被称为"扎托佩克的奥运会"，他也被称为"人类的火车头"。1958年全年，国家体委在上海开办长跑学习班，请来当时36岁的扎托佩克担任外教，这也是世界顶尖运动员在上海的初次亮相。

扎托佩克的训练班开在风雨操场（近衡山路、宛平南路，今上海国际网球中心），他的训练方法非常独特，第一堂课就是30个400米变速跑，这让中国学员们大感意外，而且扎托佩克有要求：不需要做准备活动。有学员提出疑问，扎托佩克回答："首次接触，每个人水平和特点都不一样，先看看你们的基础。"经过一番考察，中国学员的水平得到他的认可。尽管语言不通，他们用拍肚子、摆手等动作交流，毕竟肢体语言是人类共通的。

当时扎托佩克已经36岁，但对自己的要求却丝毫不含糊，每天坚持训练，即使坐下来，腿也闲不住，总是在不停地活动。有时在火车上、轮船上，他也能自己把自己练得气喘吁吁。

相当长的一段时间内，中国体育的对外交流基本停滞。1971年美国乒乓球队15人和随队记者8人访问了北京和上海，领队斯廷霍文再三表示这不是访问的结束，而是友谊的开始，回国后要把所见所闻告诉美国人民。

改革开放以后，国际体育交往迅速发展。1977年美国宇宙队访华，队中包括"球王"贝利、"足球皇帝"贝肯鲍尔等多位世界顶级球星。

1977年，"球王"贝利在江湾体育场和上海足球人交流

第一场比赛在北京，他们和中国国家队 1 比 1 握手言和。当年 9 月 20 日，美国宇宙队在上海江湾体育场和中国足球队再度交锋，中国队以 2 比 1 获胜。

很多上海老球迷记得宇宙队访问时的盛况，江湾体育场涌进近 5 万名观众，票价涨到 5 毛钱，依然供不应求。人们都想亲眼一睹世界顶级球星的风采。中国队开场 5 分钟即由迟尚斌利用角球机会远射得分，之后沈祥福锦上添花，宇宙队下半场由贝利利用任意球机会扳回一分。赛前赛后宇宙队和中国足球人进行了交流，贝利曾说："我知道中国是个大国，但没想到足球水平也这么高。"

1979 年，"拳王"阿里访问北京，受到邓小平同志的亲切接见。1985 年，阿里又一次来到中国，这一次他的目的地是上海。当时中国

1985 年，"拳王"阿里和上海拳击运动员交流

的对外体育交流已经很广泛，已经43岁的阿里访问了上海体育学院、精武体育会等，和58岁的"南拳王"周士彬进行了切磋，他自强不息的精神让上海人深受感动。阿里还在上海媒体面前频频亮相，登上了上海电视塔。在那次访问中，阿里说："我回去告诉人们我看见了什么，我将大声地说，我看见一个美丽、幸福、和平和充满希望的中国。"

如今，上海每年举办数十项国际大赛，向着建设全球著名体育城市的总目标迈进。众多国际比赛和体育明星选择来上海，上海人的"专业"和"用心"在全球体育界成为一块金字招牌。F-1赛车的舒马赫、网球的费德勒和德约科维奇、斯诺克的奥沙利文等顶级体育明星，都对上海有着特殊的感情。

他们喜欢这座城市，喜欢这里的人。

从费德勒坐地铁说起

每年秋季,位于闵行区的旗忠网球中心总是吸引着全世界网球迷的目光,从原来的网球大师杯到后来的 ATP 1000 大师系列赛,全球最顶尖的网球选手在这个季节齐聚上海,是网球迷们一年一度的盛事。尽管世界网坛新星辈出,但上海网球爱好者心目中的头号男神毫无疑问是外号"奶牛"的瑞士选手费德勒。有一年费德勒只打了一场球就被淘汰,引来众多"粉丝"黯然神伤。因为费德勒年龄已经不小,他的比赛看一场少一场,"一轮游",粉丝们不尽兴。果不其然后来费德勒又因伤病没来上海,粉丝们更担心了:还能在上海看到偶

2017年,费德勒乘坐上海地铁

像吗？

2017年费德勒没有爽约，来到上海，他兴致勃勃地跑到地铁13号线马当路站，坐了回地铁不算，还和上海市民热情交流一番。地铁上偶遇的上海老爷叔问他："阿弟，你这么欢喜上海，在上海买房子算了！"费德勒笑着回答："好的，我看看外滩房子多少钱一平方。"——然后就没有下文了。

玩笑归玩笑，中国人打网球的历史要追溯到清代。当时天津、上海租界里的外国人开辟了不少网球场，把这项运动带入中国。清政府主办的第一届全运会，总共四个项目——田径、足球、篮球和网球，网球就是其中之一。

民国时期，上海民间的网球运动很兴盛。1936年，上海网球界策划了一次著名的活动，把当时世界上最优秀的两名网球选手铁尔登和梵恩斯请来上海。当时铁尔登和梵恩斯包下"林肯总统"号邮轮作环球旅行，每到一地就找当地球手打表演赛。10月6日他们访问日本，上海《申报》作了报道，但新闻里说铁尔登到上海后"只勾留一宵，表演恐难望实现"。上海网球迷的民族自尊心被激发起来，纷纷致电两位大师，希望他们能打比赛。终于铁尔登和梵恩斯于11月5日抵达上海，下榻于国际饭店，并同意和上海网球手交手。

比赛是在圣母院路（今瑞金一路）的卡纳凡洛网球场进行的，前来观战的球迷超过4000人。那场比赛的票价是3元和5元（现大洋），非常昂贵。1936年一个普通银行职员的月薪只不过30元，但观众依然热情高涨。比赛在蒙蒙细雨中进行，铁尔登和梵恩斯先打单打，梵恩斯获胜。第二场铁尔登搭配中国选手陶毛囡，梵恩斯搭配上海的葡萄牙籍球手卡纳凡洛，可惜比赛打了两盘就因雨停止。

两位大师没想到上海人这么喜欢网球，他们意犹未尽。两周后的11月21日，他们又回到上海，除了表演单打外，上海的几名陪练（当时上海网球圈叫"马克"）戴明发、王妙松、蔡侯发和王妙兴幸运地获得和大师配对打球的机会。中国最优秀的两名网球运动员是获得过远东运动会冠军的林宝华和邱飞海，但他们因故未能出战。

铁尔登于1893年生于美国洛杉矶，人送外号"大比尔"（big Bill），曾获得7次美网和3次温网冠军。铁尔登的技术和费德勒有点相似，属于全面型，发球凶狠，正反手都厉害，尤其善打旋转球。当年的网球比赛还不是那么正规，铁尔登在五盘三胜的比赛中有时为了吊观众的胃口，有意输掉两盘，然后来个"大逆转"，让球迷看得过瘾。

50年代上海成立网球队，不久国家网球队也集训了，当年在球场担任陪练的梅福基等成为网球国手，国家队首批8名球员全部来自上海。中国网球在50年代末两次参加温布尔登公开赛，上海人梅福基在1958年和1959年两次打进单打第二轮。

温布尔登公开赛是职业赛事，参赛运动员都有奖金。梅福基拿到支票，看都没有看，直接拒绝了。代表人民参加比赛，哪能要奖金呢？梅福基先后十余次获得单打、团体、双打的全国冠军，但他那一代运动员普遍没有太多参加国际比赛的机会。退役后他长期担任上海队教练和领队，带了100多名弟子，培养了17位全国冠军。2019年梅福基与世长辞，享年90岁。他两次打进温网第二轮的成绩，后来60多年没人能突破。

上海网球的对外开放始于1977年。当时美国网球代表团来到北京、上海和广州等地访问，代表团由温网、美网双料冠军斯坦·史密斯等8名职业选手和一些大学选手组成。美国著名网球记者巴德·柯林斯随团访问，回国后写了一篇报道"1977 Postcard from China"（"1977中国明信片"），这是世界网坛第一次关注新中国。

文中这样写道："观众数以百计，大多全神贯注但缺乏表情，他

上海旗忠网球中心

们清一色穿着束腰制服戴着帽子，骑着自行车来观看比赛……在上海，8000名观众出席了这场在上海体育馆的篮球场改造的场地上进行的网球表演赛，只要花1元人民币就能买到最好的座位……"

美国网球代表团受到热情款待，但文化差异是客观存在的。"中国人非常热情好客，食物非常丰盛……在休息期间我们学会了用中文说'友谊第一，比赛第二'，而这正是我们的非凡中国之旅的主题。"

上海从90年代开始承办世界顶级网球赛事，积累丰富经验后，于2002年、2005—2008年举办了大师杯赛。2002年第一届赛事，世界网坛"八大天王"聚首上海滩，奉献了一届惊心动魄的赛事。2009年起上海每年承办九站ATP 1000大师系列赛中的一站，上海大师赛成为仅次于四大满贯和年终总决赛的顶级赛事。

而费德勒，上海人从2002年第一届大师杯就开始认识他，他不想成为上海人的宠儿，恐怕都有点困难呢！

上海凭什么成为"全球电竞之都"?

"忽如一夜春风来",几年前,电子竞技在上海还是传统观念中让年轻人"玩物丧志"的洪水猛兽,几年之后,电子竞技已经登堂入室,成为时尚"魔都"不可或缺的一部分。2020年是上海电竞行业标志性的一年,电子竞技为上海带来视觉和听觉颠覆性的改变。2020英雄联盟总决赛引发空前热潮,南京东路的井盖喷上了"2020英雄联盟全球总决赛"S10限定涂装;东方明珠塔、上海中心等代表上海形象的地标,笼罩在代表英雄联盟的灯光之下。全球最大的英雄联盟游戏雕塑"远古巨龙"出现在东方明珠塔,完成这一壮举的,是AR设备。人们不禁惊呼:电子竞技何以有如此魅力?而当老一代人还在惊疑时,上海已经将成为"全球电竞之都"作为自己的发展目标。这一切,是如何发生的?

在相当长的时间内,"电子游戏"而非电子竞技,是它正式或非正式的名字。沉迷网络游戏导致各种社会问题的新闻报道不断出现,质疑和担忧充斥了人们的脑海。发展电子竞技?难道不应该规范甚至取缔才对吗?还要建设"全球电竞之都"?这一发展目标好像和很多人的想法背道而驰。

其实早在2003年,电子竞技已经成为中国第99个正式体育运动项目，电竞开始进入大众视野，政府积极推动，玩家水平越来越高。一些广受欢迎的电竞游戏不断举办比赛，投入其中的资金带来丰厚的奖金回报，使之成为一项新兴产业，整体规模达到千亿元人民币级别，用户超过4亿人。电竞产业成为中国文化产业、体育产业的风口，电竞、电竞游戏及其周边成为都市青年群体重要的休闲方式，打造"全球电竞之都"也成为上海新的目标。

上海这座城市自开埠以来，始终以开放的姿态融入全球分工体系，"海纳百川、追求卓越"始终是这座城市的血脉。《上海市城市总体规划（2017—2035）》明确提出：引领上海成为卓越的全球城市，建设令人向往的创新之城、人文之城和生态之城。建设"全球电竞之都"，恰当其时。

看看上海的底牌：上海是全国电竞运动最活跃的城市之一，80%的国内电竞公司在这里开设，40%的国内电竞赛事在这里举办，完整的产业链已经形成。2019年的统计数据显示，上海拥有A股上市游戏公司16家，占据全国总数的20%。"新三板"挂牌游戏企业25家，占据全国总数的22%。消费方面来看，短短10年间，网络游戏用户整体规模从千万级飙升到亿级，上海作为经济中心城市，电竞消费领跑全国，网游销售收入超过全国总量的三成。政策方面，"文创50条"将动漫游戏业列为上海重点发展的产业，上海将规划建设承办国际顶级电竞赛事的专业场馆，支持国际顶级赛事落户，还把解决"海漂"人才的安居问题摆在重要位置。2018年11月，上海电子竞技运动协会正式发布《上海市电子竞技运动员注册管理办法（试行）》，上海市内的电子竞技运动员拥有了合法的"运动员"身份。天时、地利、人和，为上海成为"全球电竞之都"创造了充分条件。

无论老一代人怎么看，电子竞技的发展已经是既成事实，无可改变。调查显示，在"95后"群体中，游戏渗透率达到57.1%，网络游戏和电竞游戏已经是年轻一代最重要的休闲和社交方式。限制？取缔？这已经是不可能做到的事情。而上海选择电子竞技作为文化创意产业的重点发展领域，乃顺应潮流、顺势而为。与其堵，不如疏。唯其如此，才能赢得年轻人、赢得未来。而在健康有序的环境中，建设起年轻人的正常爱好可以获得释放、才华有展现的平台，何乐而不为呢？

然而，上海建设"全球电竞之都"还是存在很多困难的。老一代的担心并非无中生有。14—17岁的中学生关注和参与电子竞技的比例超出人们的想象，尽管有那么多人关心和参与，但愿意将电子竞技作为自己职业的人并不多，仅有10%的人愿意投身和电竞有关的相关产业，这也导致上海电子竞技专业人才严重不足，人才缺口非常大。玩游戏？喜欢。但在求职的时候，人们还是把工资福利、晋升渠道看得更重要。当然，电子竞技参与者常常被打上"肥宅"的标签，一定程度上也影响了年轻人真正参与这项运动的意愿。

2020年对于上海电竞来说，是充满挑战和机遇的一年。一场突如其来的"新冠"疫情让全球赛事停摆，然而在上海，LPL（英雄联盟中国大陆赛区职业联赛）3月9日就恢复开赛了。英雄联盟全球总决

2020年，英雄联盟全球总决赛转播现场

赛在上海的举办，也点燃了这座城市的电竞热情。6312个观赛坐席，参与摇号的人有320万。这打破了人们关于"电竞参与者不愿意参与线下活动"的传统认知。

在电子竞技的世界里，没有什么固有的思维模式是不可打破的，自然也没有什么奇迹是不可能发生的。英雄联盟S10全球总决赛成为2020年全球唯一举办的世界性体育赛事。在成为"全球电竞之都"的道路上，上海这座城市的运动能力和防疫能力助力良多。

经济、文化、交通、设施、游客、市民……自2017年喊出打造"全球电竞之都"的口号以来，上海以其独特的魅力坚实地走在自己的道路上，并催生出新的业态、新的模式。5G时代的来临，更是为电子竞技的发展插上了翅膀。未来，有无限可能。

对于电子竞技的未来,上海将要打造的,是"电竞生态的完善之地、电竞内容的创新之地、电竞企业的发展之地、电竞人才的汇聚之地、电竞标准的发源之地"。

把电子竞技目为"洪水猛兽"的叔叔阿姨们,眼镜早就跌破了。未来,或许他们也会投身到电子竞技之中,跟上时代的脚步,谁知道呢?

上海人未来体育生活的畅想

上海,这座被人们爱称为"魔都"的国际大都市,这座中国的国际经济、金融、贸易、航运中心,这座2500万人生活的热火朝天的"不夜城",是中国近代体育最先活动的地方。上海体育正以更开放的姿态、更包容的心态、更积极的状态,迎来更美好的未来。

上海历史上曾有优良的体育传统。近代开埠以来,西方近代体育随着西方文化一起涌入中国。上海最初的近代体育活动,仅限于租界侨民之中。外国人在上海建造了体育场,中国人却不得其门而入。外国人在上海组织的体育活动,中国人连当观众的资格都没有。那时候的上海人经过几十年的奋斗,只是获得和外国人在赛场上交流的权利。

"强国强身"始终是上海人心心念念的事情。从最初在学校里开展兵式体操,到从各种渠道引进适合上海社会开展的近代体育项目,上海吸收国际体育比赛、教学、管理方法,推动中国体育的革新和发展,形成了自己的体育构架。但因为国家的积贫积弱,近代上海的体育发展水平是有限的,国际大赛没有实现成绩突破,市民体质也参差不齐。

上海解放后,体育事业得到飞跃式发展,尽管有曲折、有教训,但"发展体育运动、增强人民体质"的思想深入人心。一座座体育场馆拔地而起，一批批体育人才应运而生，世界赛场上一次又一次地升起五星红旗、奏响中华人民共和国国歌，上海人的身体素质不断提高，每一个上海人的努力成就了今天，每一个上海人的奋斗让"上海"这个名字写在世界体坛最闪亮的地方。

2020年11月4日，上海市人民政府官网发布《上海全球著名体育城市建设纲要》，对上海体育未来的发展提出了目标：到2025年，基本建成全球著名体育城市；到2035年，迈向更高水平全球著名体育城市；到2050年，全面建成全球著名体育城市，形成"一城一都四中心"发展格局。这是一份什么样的纲要呢？

到2025年，体育要实现全领域、全方位高质量发展，市民参与体育的获得感、幸福感大幅提升，基本建成全球著名体育城市。全民健身普及率有效扩大，经常参加体育锻炼人数比例达到45%以上，人均体育场地面积达到2.6平方米左右。

到2035年，迈向更高水平全球著名体育城市。体育治理体系和治理能力实现现代化，体育发展水平进入全球前列。体育公共服务标准化、均等化、智能化全面实现，体育活动成为人人参与的生活习惯和生活时尚，人均体育场地面积达到3平方米左右，每万人拥有体育健身组织35个。体育产业成为国民经济支柱性产业，建成具有国际影响力的体育资源配置中心。

到2050年，全面建成全球著名体育城市，形成"一城一都四中

黄浦江滨江健身步道

心"发展格局。市民身体素养和健康水平、体育综合实力和国际影响力世界领先。"一城一都四中心"的支撑体系，即建设"人人运动、人人健康"的活力之城，建设世界一流的国际体育赛事之都，打造辐射全球的体育资源配置中心，建设全球前沿的体育科技创新中心，建设国际知名的体育消费中心，建设更具全球影响的体育文化中心，这六方面共同构成全球著名体育城市建设的内涵。

人民城市人民建，人民城市为人民。上海把体育放在人民城市建设大局中谋划，提出通过构建"处处可健身"的高品质运动空间、倡导"天天想健身"的现代化生活方式、培育市民"人人会健身"的高水平健康素养，以及打造"天天有比赛、人人可参赛"的群众体育赛事等路径，让人人从参与体育中收获健康，让整座城市因体育而更富生机与活力。

如火如荼的全民健身热潮

不妨畅想一下 2025 年一名上海市民的健康生活。在他生活的社区，全民健身场地设施供给完备。作为市政府体育实事项目，市民健身步道、市民益智健身苑点、多功能球场等星罗棋布。还有社区市民健身中心、市民健身驿站，各类体育场馆也向市民公益性开放。如果是具备一定体育能力的市民，可以参加城市业余联赛。每个健身网点都有专业的指导服务。暂时无法参加体育运动的，可以了解一下运动促进健康的新模式，在"体医养"融合的长者运动健康之家找到自己的健康配方。

如果有机会从事专业体育，可以选择的机会也很多。"三大球"和冰雪运动将是上海重点发展的项目，各项目的体能训练和心理健康管理都是全球领先水平。一旦有伤病，体育科研和运动医疗康复专家将提供最专业的服务。兴奋剂？谈也不要谈。体教融合的"上海模式"将为众多具备体育专长的市民提供更多发展机会。

如果只是一名普通的观众，也可以亲身感受上海体育的变化。上海的体育产业创新升级，将会壮大发展为竞赛表演业。上海马拉松、上海超级杯、F-1 中国大奖赛、ATP 1000 大师赛等传统品牌赛事依然会在上海举办，未来还会有更多世界顶级赛事落户上海，观众可以一饱眼福。浦东足球场、徐家汇体育公园、上海自行车馆、国际马术中心等重大项目，还有全新改造的虹口足球场、临港帆船帆板基地、徐汇滨江项目、体育宫规划改建等项目，会对市民开放。每年上海的赛历总是满满当当，只怕看不尽国际赛事的繁花如锦。

上海马拉松赛

行文至此，这本书也要告一段落。对上海体育历史的回顾，注定是挂一漏万。对上海体育未来的展望，难免心潮澎湃。如果说上海体育如长江入海般奔流，则每一名上海市民的参与都是其中璀璨的浪花。

好了，书读完了，亲爱的朋友，合上书本，到体育赛场、到大自然中去吧，奔跑、跳跃、呼喊，亲身体会体育带来的乐趣和改变。

我们赛场见！

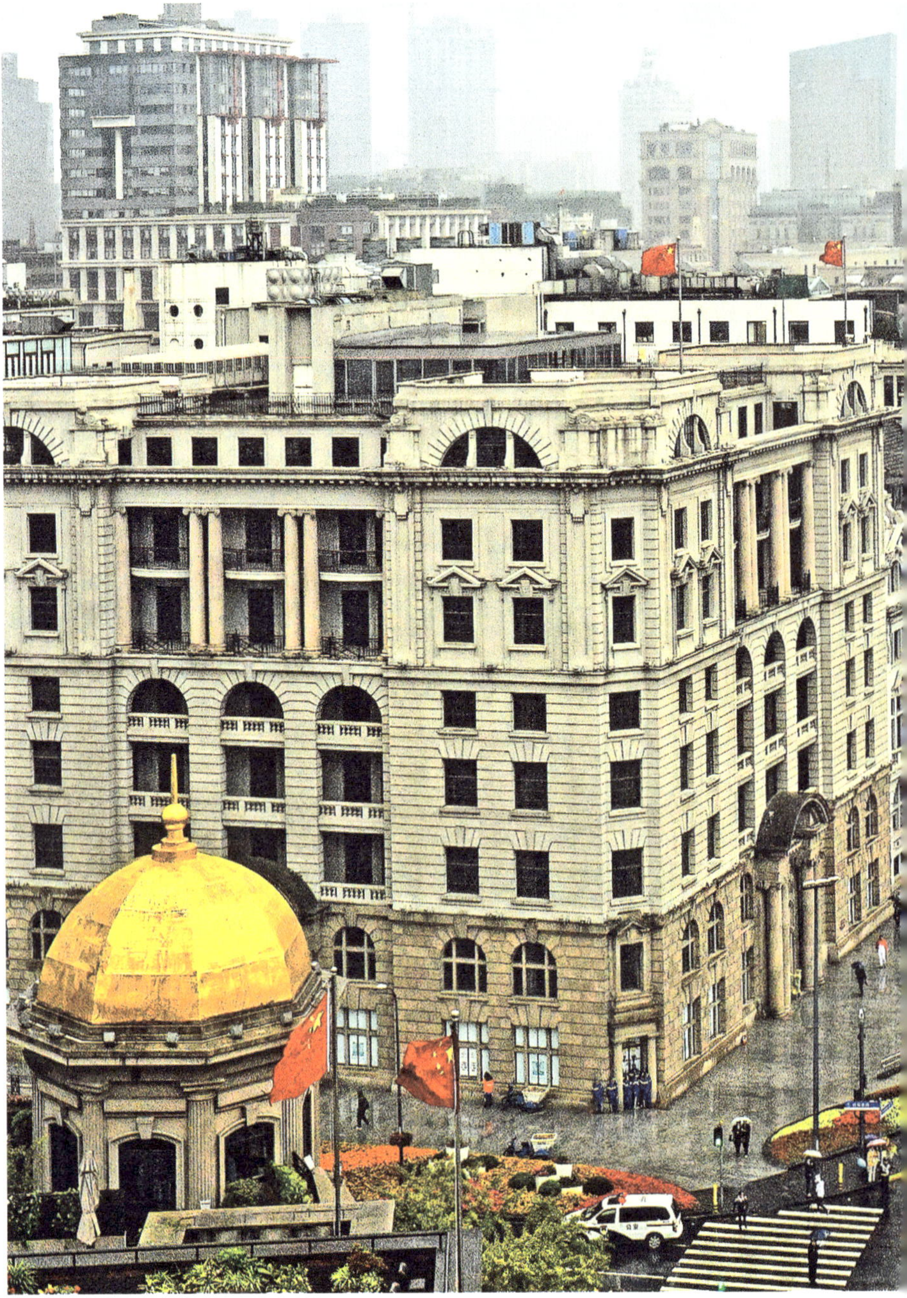

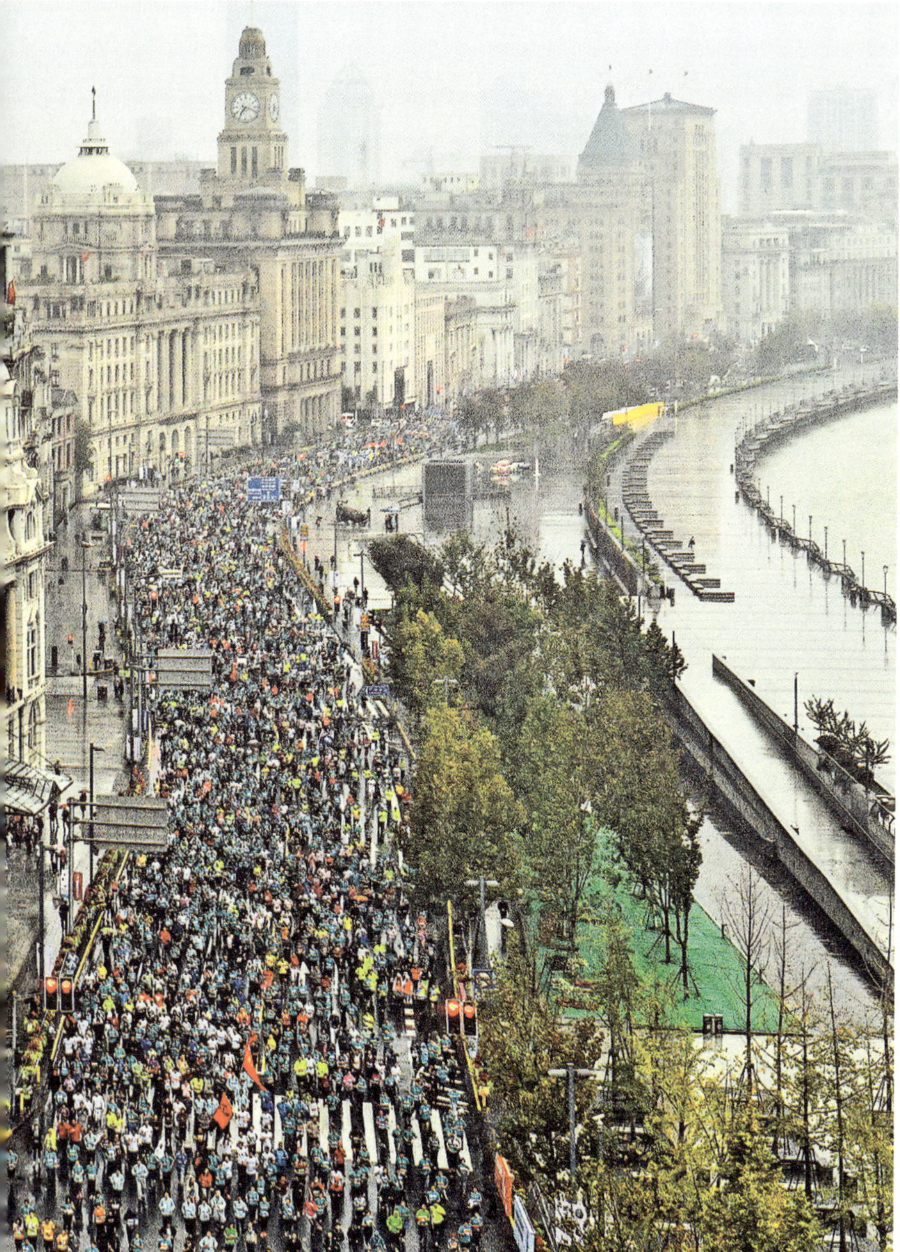

感谢以下机构和人士为本书提供配图：

上海东方传媒技术有限公司

上海久事体育产业发展（集团）有限公司

上海市虹口足球场

上海市黄浦区体育局

上海市体育局

上海体育学院

上海图书馆

五星体育传媒有限公司

陈迪先生

丛学娣女士

范基农先生

冯敏先生

管亚松先生

郭长耀先生

洪南丽女士

胡德鑫先生

季陆生先生

李培红女士

李秋平先生

陆杰先生

沈琼先生

寿幼森先生

孙雯女士

汤砺锋先生

陶璐娜女士

吴敏霞女士

吴霄峰先生

吴玉雯女士

邢妙荣先生

薛飚先生

阎小娴女士

叶岚女士

张伟先生

张莹女士

赵列颖女士

周国强先生

祝淳翔先生

图书在版编目(CIP)数据

敢为人先:上海体育/周力著.—上海:学林出版社,2021
(上海地情普及系列丛书)
ISBN 978-7-5486-1782-2

Ⅰ.①敢… Ⅱ.①周… Ⅲ.①体育运动史-上海 Ⅳ.①G812.751

中国版本图书馆 CIP 数据核字(2021)第 144019 号

责任编辑 吴耀根　汤丹磊
特约审校 王瑞祥
装帧设计 肖晋兴

上海地情普及系列丛书
敢为人先:上海体育
上海通志馆　主编
周　力　著

出　　版	学林出版社	
	(200001　上海福建中路 193 号)	
发　　行	上海人民出版社发行中心	
	(200001　上海福建中路 193 号)	
印　　刷	上海丽佳制版印刷有限公司	
开　　本	890×1240　1/32	
印　　张	8	
字　　数	15 万	
版　　次	2021 年 8 月第 1 版	
印　　次	2021 年 8 月第 1 次印刷	
ISBN 978-7-5486-1782-2/G·665		
定　　价	68.00 元